Diarios de una escuela

Historias de verdad, para entender escuchando y descubrir respetando

Rubén Yebra Gómez

Diarios de una escuela
Historias de verdad, para entender escuchando y descubrir respetando

Primera edición: 2024

ISBN: 9788410143470
ISBN eBook: 9788410143883

© del texto:
 Rubén Yebra Gómez

© del diseño de esta edición:
 Caligrama, 2024
 www.caligramaeditorial.com
 info@caligramaeditorial.com

Impreso en España – Printed in Spain

A mis hijos, Álvaro y Sara.
A mi Marieta.
Gracias por vuestro amor incondicional.

Prólogo

Diarios de una escuela detiene el tiempo y lo acelera; enfoca el recuerdo que una vez fue el presente de los cimientos necesarios para proyectar el futuro. Es un instante y una hora, noches, días y minutos que relatan las consecuencias de percibir, pensar y sentir los monumentos de un maestro. Es un viaje. Es un proyecto de itinerarios que enlazan valores, principios y criterios en la enseñanza y el aprendizaje.

Se talla desde una mirada infantil con la naturalidad, la sencillez y las destrezas que acompañan a los grandes escultores. Es una vida para la educación que se desplaza hacia una educación para la vida.

Me he encontrado con el sentido del respeto, la sensatez del diálogo, el compromiso de la reflexión, el análisis del posicionamiento familiar en la educación de los hijos, la equivocación para el desarrollo, el camino del conocimiento, la información de los miedos a evitar junto con las imprescindibles valentías que se deben incorporar... Fundamentos de un argumento que manifiesta el autor para escuchar al que aprende y aprender junto a él; tal y como escribe: «No existe un manual para esta profesión». Me he encontrado con la formación, la preparación y la oportunidad de despertar en alumnos las ventajas del empeño y el coraje de la superación constante, en la dimensión social, física, intelectual, ética y emocional. Me he encontrado con la razón del corazón y con el corazón de la razón.

Diarios de una escuela combina la atracción de las ideas con la facilidad de su lectura. Es una puesta de sol que invita a dormir con la ilusión de despertar para ver amaneceres imperdibles. Será siempre plausible y más probable que posible será que sus lectores sientan el mismo placer que yo he sentido al leerlo; que a cada cual aportará en función de sus inquietudes, de sus intereses, de sus experiencias y en función de sus creencias.

Yo creo que este libro suscitará en las personas que lo lean nuevos pensamientos educativos y otros veteranos renacerán desde una realidad que se muestra para entender escuchando y descubrir respetando. De lo que seguro estoy, así es lo que he sentido en su lectura, es que Rubén Yebra nos ofrece el valor intrépido de la experiencia que se suma a aquellos que siguen proponiendo una educación para el amor.

JOSÉ ANTONIO FERNÁNDEZ BRAVO
Madrid, 2024

Capítulo I

Se trata de amar lo que haces,
amando a aquel al que diriges lo que haces.

José Antonio Fernández Bravo

¿Cuántas veces se habla de la importancia que tiene ser bueno en tu trabajo? Debemos luchar por conseguir ser mejores, por progresar en nuestra profesión. Siempre se habló de la relevancia que tiene la vocación, entendida tradicionalmente en su ámbito religioso y a la que en el mundo educativo le damos la misma perspectiva e importancia. Esa llamada divina que nos otorga, por un lado, un carácter que queda impreso en la vida y persona del maestro, en su ADN. Por otro, nos obliga a llevar a cabo una dedicación total, una entrega ciega. Llega el caso en el que la dedicación nace antes de disponer de los conocimientos necesarios e incluso de la capacitación legal u oficial para poder desarrollar dicha actividad de forma normalizada. Siempre escuché a mi padre decir que te conviertes en maestro cuando tu deseo es el de ser maestro. Entonces dedicas tu vida, tu formación, tus lecturas y tus pensamientos a ser aquello que más fervientemente deseas.

Siempre dijo que ya en ese punto eres maestro, solo que debes superar los requisitos que de ti se esperan.

Es la labor del maestro la de ser, no solo la de conocer, o la de saber hacer en el desarrollo de las relaciones que se establecen en los procesos de enseñanza y aprendizaje.

Cuando nos sentimos maestros, creemos que tenemos la oportunidad e incluso la obligación moral y vital de llevar a cabo un cambio. Se deposita en nuestras manos la vida y el futuro de un grupo de personas que, encontrándose en la etapa más importante de sus vidas, dependerá de nuestro quehacer o de nuestra voluntad de enseñar y serán consecuencia directa de nuestro empeño y desempeño. ¿Tanta importancia tenemos? Un buen amigo y compañero, al charlar sobre estos temas, me repetía las palabras de uno de sus profesores, quien decía: «No te preocupes, ya le suspenderá la vida». Tenemos la oportunidad de modificar aquello que no se hace bien, que no se lleva a cabo de forma correcta. Normalmente, porque hemos vivido en nuestras propias carnes algunas situaciones en las que nos hemos sentido agraviados o faltos de respeto.

Vivencias en las que hemos visto, oído e incluso sentido. Situaciones en las que nosotros mismos, buenos amigos o compañeros de clase vivieron para bien o para mal, o de una didáctica del amor y del respeto —sin demasiados estudios de neurociencia en muchos casos, ni técnicas o métodos cargados de color y diseño— o de la de la norma estricta y sin carga de categoría didáctica.

Lo que un gran número de docentes tenemos claro es que podemos llevar a cabo dicho cambio. Que podemos transformar la educación en nuestra sociedad, aplicar todos aquellos conocimientos y teorías que conocemos, conducir al éxito a nuestra escuela. Somos un verdadero torbellino o eso, al menos, durante un tiempo, claro. Como maestros somos conscientes de nuestra misión. Sentimos que el universo al completo está observando, esperando las consecuencias de la energía y del talento que entreguemos. Energía y talento que rebosa por nuestros poros. Lo cierto es que se trata de un momento precioso.

Es imposible no pensar en aquellos momentos en los que mi realidad era la de un alumno de colegio[1] concertado del centro de la ciudad de Madrid, dirigido por una congregación de Hijas de la Caridad y que, aun siendo de carácter marcadamente religioso, primaba el servicio al prójimo y la ayuda al necesitado como elementos indispensables que definiesen su ser y su sentir. Un colegio en el que hacía pocos años que los chicos habían entrado, ya que con anterioridad era solamente femenino; lo que causaba de una forma inevitable el que algunos de los profesores nos mirasen con cierto recelo a los chicos.

El personal del colegio era variado, como sucede en cualquier tipo de organización humana. Una parte de la plantilla eran religiosas, una orden fundada por san Vicente de Paul y santa Luisa de Marillac, las cuales pasaban sus vidas en una permanente ayuda al prójimo. Fue, de hecho, muchos años después de abandonar el centro para ir a la universidad cuando descubrí la profundidad de la acción social realizada por estas religiosas. De verdadero calado y de una bondad infinita hacia el desamparado. Quizá algo tenga que ver con el ser de la docencia, aunque no siempre fuesen unidas de la mano. Otra parte del personal eran laicos, tanto hombres como mujeres.

---

[1] Siempre escribiré «colegio» con mayúscula por ser el lugar en el que, aparte de haber pasado la mayor parte de mi vida, tanto de alumno como de maestro o formador, por su importancia en la sociedad y en la vida misma de tantas y tantas personas merece una categoría que lo diferencie.

De verdad, guardo con cariño los recuerdos de aquella etapa. Por supuesto, de los amigos, compañeros y otros muchos que descansan y guardan en mi olvidadiza memoria. De las travesuras y de las carreras, de los partidos de baloncesto, de las actividades y excursiones —incluida aquella a Soria—; algunas que me marcaron hasta el tuétano y otras claro que no. Esas no se borrarán jamás de los jamases, porque seguramente han definido gran parte de lo que soy ahora mismo.

El colegio era antiguo, un verdadero tesoro en el centro de Madrid, con una capilla blanca preciosa, que, aun sin yo ser religioso, daba gusto ver y entrar. Las clases fueron mejorando con el paso de los años. Recuerdo que llegamos a disfrutar de un edificio remodelado, con aulas con grandes ventanas y espacio de sobra, de un gimnasio nuevecito y amplio y, por supuesto, de los vestuarios. Lugar donde vivimos aventuras divertidas y gamberradas dolorosas por el hecho de pillarnos in fraganti.

Las antiguas clases tampoco eran malas. Eran grandes y, sobre todo, tenían unos techos que en mis recuerdos eran inalcanzables, menos para las manos elásticas de goma que te regalaban con los bollos de chocolate en aquella época y con las que jugábamos a lanzar hasta el techo. Allí se quedaban pegadas casi hasta la eternidad, por supuesto, con la bronca y castigo pertinente a continuación. Más de uno y dos recreos recuerdo haber pasado subido a la mesa, escoba en mano, intentando despegarlas del techo.

Nunca viví la pizarra digital interactiva, pero sí un retroproyector con el que la profesora de Arte —mi querida Pilar— proyectaba imágenes de cuadros y obras de arte, de iglesias del románico, esculturas, pilares, columnas y capiteles y, por supuesto, su Capilla Sixtina, siempre acompañada de aquella emocionante historia en la que al entrar por primera vez no pudo soportar la emoción y salió corriendo despavorida; así como su invitación a vivir aquella misma sensación en nuestras carnes algún día. Madre mía, ¡qué forma de vivir aquello! A mí me marcó, me hizo disfrutar las piedras en los viajes. Esta misma profesora, casualidades de la vida, era la profesora de Música —de los mayores, porque para los pequeños teníamos otra, Aurora, con la que cantábamos y bailábamos mucho más—. Pero esta no solo hablaba de las sensaciones y de los sentimientos que provocaban estas obras de arte, sino que en la asignatura musical demostraba que aquel conjunto de sensaciones, sentimientos y emociones se transformaba en sonidos, ritmos y melodías cuando tocaba el piano y nos hacía interpretar piezas variadas aprendiendo a apreciarlas más allá de lo estético o agradable al oído.

Quizá toda esta gente tuviese algo que ver en la elección que años más tarde hice al escoger la carrera a estudiar en mi primera etapa universitaria, Magisterio Musical.

Quizá todo lo vivido durante los años de infancia y adolescencia, en los que disfruté de la mágica transmisión de emociones, desde materias que creía que no la tendrían jamás, por nadar en un océano de datos y contenidos, que ahogaban al más listo de la clase, haya marcado algo más de lo que creó de inicio mis decisiones y, por lo tanto, mi vida futura.

Muchos años después, por las diabluras del destino y los recovecos del laberinto en el que nos movemos llamado vida, he ido encontrando a personas que, para bien o para mal, han seguido influenciando en mí, modificando, seguro, mis decisiones. Hasta me atrevo a escribir esto, de modo que vete tú a saber hasta qué punto.

Por eso creo en la importancia de cada cosa que hacemos, cada cosa que decimos, incluso cómo vestimos o nos movemos en el aula tiene en nuestros alumnos. De la impresionante relevancia que tiene todo aquello que mostramos e incluso lo que no mostramos frente al alumno. Y, claro, es lógico pensar que nos encontramos ante una constante evaluación; un constante proceso de demostración de que somos válidos y competentes para la actividad que realizamos.

No entraré en las discusiones sobre las incursiones de determinados agentes de la comunidad educativa en este sentido, ya que mi interés es hablar solamente del maestro, del alumno, porque sin ellos ningún sentido se le encuentra a nada de esto.

En palabras de Howard Gardner,[2] podemos encontrar profesionales con una gran pericia técnica en el ámbito en el que se desarrollen, sabiendo mucho, muchísimo, más que nadie incluso sobre arte, filosofía, lengua o matemáticas, verdaderos eruditos en sus materias. Pero jamás podremos encontrar un buen profesional, un buen maestro que no sea buena persona. Se trata de una condición indispensable.

Creo firmemente que no existen profesionales de la enseñanza que por decisión propia realicen malas acciones o ejerzan un ejemplo negativo sobre los alumnos, con una finalidad que tenga su objetivo fundamental en el mal hacer, en causar un mal. Pero sí es cierto que no siempre tomamos las mejores decisiones y que en ocasiones causamos un daño que puede llegar a ser germen y origen de decisiones que de no ser resueltas podrán llegar a ser de vital importancia en el futuro de la vida de algún alumno. En ocasiones, no vemos más allá de nuestras propias narices. En palabras del principito: «He aquí mi secreto, que no puede ser más simple: solo con el corazón se puede ver bien, lo esencial es invisible a los ojos».

---

[2] Howard Gardner, neurocientífico, autor de la teoría de las inteligencias múltiples. Universidad de Harvard.

La persona que se compromete con el alumno, el maestro que, por encima de todo, ama al que dirige su acción, siendo este el motor y gasolina de su quehacer, entiendo que demuestra la mayor y más certera ética que se puede entender. Se trata de establecer objetivos personales que no son para tu persona, sino para otras. Sin duda alguna, uno de los ejercicios de generosidad más grandes que se puedan encontrar.

Son palabras muy fuertes, lo sé; pero son la realidad de esta profesión y de todas aquellas que tienen que ver con personas, al fin y al cabo.

Nunca pensé en escribir un libro así. Más bien, soñé siempre con hacerlo sobre viajes intergalácticos, naves estelares y, por supuesto, de algún tipo con habilidades especiales —personas con poderes, como dice un buen amigo— que luchase contra el crimen con un traje molón y muchos artilugios en el cinturón que le faciliten la vida. Pero no, esto va de educación, va de maestros y, ante todo, porque no encuentro otro germen, otro punto de partida que no sean los alumnos.

A medida que se sucedan las diferentes historias, compartiremos las preocupaciones, los intereses, las razones. Entenderemos unos y pondremos en duda otros. Espero que alguna sonrisa, seguramente con eso me sentiría satisfecho. Compartiremos puntos de vista, algunos éxitos y también fracasos. Al menos, esa es mi intención.

Capítulo II

Una escuela debe ser un lugar para todos los niños
no basada en la idea de que todos son iguales,
sino que todos son diferentes.

LORIS MALAGUZZI

El año 1989 fue muy extraño y convulso. Si tuviésemos que marcar un hecho que definiese este tiempo, seguramente hablaríamos de la caída del Muro de Berlín. Este muro de más de ciento cincuenta kilómetros separaba desde el final de la Segunda Guerra Mundial un país dividido en dos: la República Federal Alemana y la República Democrática Alemana. Quizá este hito marcó el final de la división del mundo en dos grupos: los comunistas de los capitalistas. En España, se vivía una situación particular, en la que los partidos políticos empezaban a dibujarse de un modo muy claro. El presidente del Gobierno Felipe González se vio obligado a adelantar las elecciones por problemas de entendimiento con los sindicatos, que, a su vez, llevaron a cabo una de las mayores huelgas generales que podemos recordar.

Este adelanto electoral propició una nueva victoria del Partido Socialista, pero ya empezaba a surgir un Partido Popular, de la mano de José María Aznar, que daría lugar a grandes trifulcas, debates y oportunidades de generar un humor de grandes magnitudes.

Los humoristas de la época se distinguían por ridiculizar absolutamente todo lo que fuese actualidad, siendo el conjunto cómico Martes y Trece uno de los imprescindibles entre las cintas de casete, entre otros, la mar de divertidos.

La liga volvía a ser del Real Madrid, por cuarto año consecutivo, siendo, además, un año buenísimo para los aficionados de este equipo, ya que consiguió su cuarto doblete al ganar la Copa del Rey.

Pero estas cosas a Ernesto no le interesaban demasiado. El tema del humor sí, claro. Siempre se esperaba a que llegase el viernes para poder ver la tele un poco más tarde de lo habitual y ver a los humoristas del programa *Un, dos, tres* y jugar a adivinar los premios que se escondían detrás de aquellas puertas y cortinas. Para Ernesto había una cosa más importante que el resto de las anteriormente nombradas y era el estreno de la que sería su película favorita: *Batman*. Eso sí que marcó un antes y un después en su vida. Después de ver todas las series y dibujos que a su alcance llegaban sobre el personaje de capa y cinturón asombroso, por fin se hacía de verdad. Esa era una verdadera cuestión de interés para recordar lo que sería el año 1989.

Es el tercero de cuatro hermanos. Su cumpleaños es dentro de pocos días, ¡ocho años por fin!, y está realmente nervioso, porque, aunque es un poco trasto, lleva portándose muy bien, o al menos lo suficientemente bien, unas semanas. Su padre le prometió que si se portaba bien y cambiaba su actitud le regalarían la Game Boy.

Esta es su oportunidad. Lo está consiguiendo a base de mucho, pero que mucho esfuerzo. La verdad es que en los cumpleaños nunca hay regalos de este tipo. Sería una auténtica pasada conseguir la consola. Además, viene con el juego del *Tetris* y uno de *Mario Bros* al comprarla, de modo que puede jugar a los mismos juegos que tienen sus compañeros y que cuando hablan él participa, pero de lo poco que ha oído y visto en la revista de juegos y consolas que se compra su hermano mayor, quien no le deja verlas, a menos que no se dé cuenta y se la consiga quitar durante un ratito.

Ernesto es algo que lleva relativamente bien. No es el jefe de la pandilla del cole, aunque le gustaría que le tomasen algo más en serio sus amigos, cuando llega la hora de elegir juego o a la hora de escoger a los amigos que formarán parte del equipo de baloncesto en Educación Física. Y es que siempre le escogen de los últimos, ¿por qué será? La verdad es que, en apariencia, no despunta en nada como el resto de sus compañeros, bueno, sí, «es siempre el bruto de la clase». Carlos, por ejemplo, es el mejor jugador de baloncesto del curso e incluso del cole diría, porque juega en el equipo de extraescolares con los mayores y siempre que se les acerca le hacen mucho caso; pero ¡caso de verdad, eh! Luego está Miguel, que juega al fútbol también de lujo. El tío es capaz de hacerse más de veinte toques seguidos, claro que juega en el equipo del cole también y, además, en el del barrio los sábados.

Ernesto no vive cerca del cole. De hecho, tiene que venir en la ruta y eso no ayuda a que participe de algunas de las actividades que se hacen en el cole fuera del horario. Al salir de clase, corre a subirse al autobús que le llevará a casa y, aunque Ramón, el conductor, sea un tipo muy divertido y siempre les ponga las canciones de Los Inhumanos —esas que tanto les gustan y cantan a lo loco—, no es lo mismo que quedarse en el patio un rato merendando todos juntos y jugando a lo que las monjas y los profesores te dejen.

Su mejor amigo se llama Alejandro, con quien termina siempre sentado en las escaleras del patio, las que hay justo delante de los vestuarios que dan a la cancha de baloncesto, comiendo lo que hayan traído de desayuno para el recreo. A Alejandro le gusta el fútbol mucho, pero lo que no le gusta es hablar con la gente. Ernesto siempre piensa que le da como miedo. En clase es un tío superlisto y saca casi siempre muy buenas notas, pero cuando sor Tomasa le pregunta el pobre se pone supernervioso y hasta tartamudea. Eso sí, luego le ves en los recreos y cuando quiere grita pero bien.

La verdad es que cuando sor Tomasa te pregunta siempre da miedo. Ernesto lo pasa realmente mal. Su hermana mayor la tuvo de profesora también, pero como ella era una empollona y siempre sacaba superbuenas notas no había problema. Pero con Ernesto la cosa no es igual.

Siempre que le pregunta mete alguna coletilla del tipo «a ver si Ernesto se parece a su hermana en algo que no sea solo el apellido y contesta bien a la primera». Esto a Ernesto le deja bastante hundido, la verdad. De hecho, le enfada mucho. Algún día le contestará y le dirá que deje de decir esas cosas, aunque le cueste una carta a sus padres. El problema es que lleva algún tiempo pensando que quizá no sea tan listo como lo es su hermana. ¿Y si sor Tomasa tiene razón y es algo lelo?

Lunes, 13 de febrero de 1989
8:54 a. m.

Entramos todos en el colegio arrastrando los pies.

Los lunes no molan nada. La verdad es que hace un frío que pela. La espera en el patio mientras llegamos todos y se organiza la fila se hace eterna. Es de esos días en que no sacas las manos de los bolsillos del chaquetón porque temes que de hacerlo pierdas alguno de los dedos por congelación. Incluso sin sacarlos pierdes alguna de las falanges seguro —me sé esto porque acabamos de darlo en Ciencias de la Naturaleza con doña Pilar— y te duele solo de pensar en hacerlo.

Vamos llegando todos y nos saludamos sin ningún tipo de entusiasmo. Los niños entramos por la puerta principal del colegio, donde nos han dejado los padres, hasta llegar al patio. Cada uno sabe exactamente dónde debe colocarse y esperar a que toque el timbre. Yo soy de los primeros porque la ruta hoy no ha pillado apenas semáforos en rojo y no había demasiados coches, raro en un lunes; pero al poco llega Alejandro. Nos miramos. Sin utilizar ninguna palabra, nos hacemos un simple gesto con la cabeza. Es suficiente para saludarnos y saber que volvemos a la carga; otra semana más. Otro lunes igual que el resto.

Madre mía, ¡qué frío hace! Que toque ya el timbre, por favor. Prefiero entrar a clase que morir congelado.

8:57 a.m.

Toca el timbre y rápidos circulamos detrás de la señorita Emilia hacia la escalera del edificio donde están las aulas. Aunque sabemos que hay que ir en silencio, vamos todos charlando. A cada paso, el volumen de las voces crece.

De vez en cuando se escucha un ¡sssshhh! superfuerte de alguna de las profesoras. Emilia se va cabreando por momentos, se lo noto. Yo creo que tampoco tiene muchas ganas de venir hoy. Si lo pienso un poco, no entiendo por qué tenemos que ir en silencio, con la cantidad de cosas que tenemos que contarnos. Luego nos dicen que quieren que les contemos las cosas, pero si no nos dejan...

9:02 a. m.

Entramos en clase. Ya no hay una fila como en el patio. Todos vamos desordenados en busca de nuestro pupitre. Se nota que no hace el mismo frío, porque ya empezamos a hablar todos mucho más alto. La profesora está fuera en el pasillo hablando con la profesora de la clase del B. Nosotros somos el C.

Seguro que cuando termine de hablar con doña Pilar entra y nos regaña por estar hablando, como siempre. Ya fui fijándome y se la ve mosqueada, pero de verdad. De ser así, estoy seguro de que llevaremos a casa algo más de tarea. Pinta mal de verdad.

Álex me cuenta que ayer estuvo en el Bernabéu viendo al Madrid. Otra vez un partido de los aburridos, pero este año dice que volvemos a ganar la liga. La verdad es que él entiende mucho más que yo.

Yo le quiero contar que mi padre me ha comprado el sábado el álbum de cromos de la peli de *Batman* y que viene una foto de la chica que es su novia. La actriz que la interpreta se llama Kim Basinger y los dos estamos enamorados de ella. Quiero contarle que entre los cromos ya tengo dos repetidos y que puedo cambiárselos si él le dice a su abuelo que le compre algunos sobres al salir por la tarde.

Pero no creo que tenga oportunidad. La seño ya se acerca.

9:06 a. m.

Entra Emilia en clase y nos pilla hablando a todos y el mosqueo es gigante. Ya lo decía yo...

Acaba de pillar a Fernando corriendo hacia los percheros porque se había dejado las cartas de coches para jugar en el recreo.

Emilia pega un grito para hacernos callar y otro para que nos sentemos.

Su mirada da pavor.

Mira que son malos los lunes.

9:08 a. m.

Ya estamos sentados y en silencio.

La profe se sienta en su mesa y nos pregunta como cada día:

—¿Todo el mundo tiene los deberes hechos?

Mira a Carlitos, que agacha la cabeza, pensando que si no la mira directamente a los ojos puede que no le vea, que se vuelva transparente.

Nada, no funcionó. Porque Emilia se acerca despacio para volver a preguntar si todo el mundo ha hecho la tarea, pero en esta ocasión mirando a Carlitos a escasos treinta centímetros.

Juraría que está temblando —Carlitos, digo—.

El pobre mueve la cabeza despacio de modo afirmativo. No se le escucha ni media palabra.

La profe insiste:

—¿Seguro? —pregunta alargando la o muchísimo.

Carlos baja un poco más la cabeza respondiendo en voz super-bajita, lo que hace que la profe se enfade mucho más.

—Es que no me dio tiempo a terminar el último ejercicio, pero todo lo demás lo tengo hecho, seño.

Emilia cierra los ojos como si por fin hubiese descubierto quién robó la joya de la corona, en una película de las que le gustan a mi padre, de esas de los sábados por la tarde.

Es alucinante, ella ya lo sabía sin preguntarlo.

Alejandro y yo lo hemos hablado en alguna ocasión, ¿y si tiene poderes?

La profe repite como suele decir en estos casos:

—Carlitos, siempre el mismo, siempre la misma historia. ¡Don Creíque y don Penseque son familia de don Tonteque!

Se da la vuelta hacia su mesa con la agenda de Carlos en la mano. ¡Madre mía! Hoy toca estar muy atento y tener cuidado.

9:10 a. m.

La calma ha vuelto a la clase, aunque Carlitos se quedó con mala cara.

Lo cierto es que ya debería estar acostumbrado, si siempre es lo mismo.

No pasa nada, hay que seguir. Yo mismo me repito mentalmente un consejo de lo más útil:

—Ernesto, atiende, ¡que la liamos!

9:12 a. m.

Todo el mundo ha sacado el material: libro de Matemáticas, cuaderno y estuche.

—Vamos a copiar el cuadro de los litros, los kilos y los metros para que por fin los tengáis claros.

¡Madre mía! Aún tengo las manos frías; ponernos a escribir no me apetece nada.

Pero, venga, vamos a hacerlo, que si no terminamos seguro que hay más tarea luego.

—¡Recordad que los títulos van en bolígrafo azul, los números en rojo y las líneas en boli negro!, que luego me hacéis unas chapuzas con otros colores y ya sabéis qué es lo que pasa.

Esto me pone muy nervioso, porque me cuesta acordarme de los colores y me equivoco.

—Contad bien los cuadros de separación y los de las líneas, que luego me toca arrancar hojas enteritas porque no hacéis las cosas bien a la primera.

Yo no sé cómo me las arreglo, pero siempre termino igual, teniendo que pasar a limpio en el cuaderno el cuadro o el ejercicio un par de veces. Y todo por los colorines dichosos y los cuadritos.

9:20 a. m.

Me dejé la mochila abierta y la profe se está paseando por entre las mesas. Como la vea, se dará cuenta de que me traje el álbum de Batman.

¡Madre mía! Se ve mucho; lo va a ver, seguro. Si me lo quita, me muero. Voy a intentar cerrar la mochila para que no lo vea. Despacio, Ernesto, que no se note.

—Ernesto, ¡¿otra vez en la inopia?! Siempre estamos igual los mismos.

Cierro superrápido la mochila porque ya viene.

Me pongo muy nervioso y sigo escribiendo en el cuaderno.

Me he distraído y no sé muy bien por dónde iba. Creo que acabo de escribir en rojo lo que tenía que escribir a lápiz.

Si se acerca más, me la cargo seguro.

—A ver ese cuaderno, Ernesto.

Se acaba de liar.

—Si es que no puede ser. Siempre los mismos en las nubes; mira que lo he repetido y lo decimos siempre. Anda —arrancando la hoja entera del cuaderno—, ya puedes repetirlo y hacerlo bien, que mañana te lo pienso pedir.

Ale, toca repetirlo, con la letra buena que me estaba saliendo.

Ya no sé si me dará tiempo a terminarlo, que quedan poco más de veinte minutos de clase.

Menudo rollo.

Al menos, he conseguido salvar el álbum. Por ahora.

Se terminó la clase de Mates.

Otra vez toca llevar mucha tarea. Entre lo de Carlos, un par de las chicas que estaban hablando y Miguel, que ha decidido sacar el Tipp-Ex, lo de bajar esta tarde al parque con la bici, lo veo complicado.

Miércoles, 15 de febrero de 1989
10:03 a.m.

Cristina, la profesora de Inglés, ha salido justa de la clase y ya está esperando Emilia para entrar.

Toca Matemáticas de nuevo. Parece que no anda de demasiado mal humor. Incluso me atrevería a decir que está contenta.

Sacamos los libros y el cuaderno, porque el estuche ya está sobre las mesas.

10:07 a.m.

Comienza la clase.

Todos estamos esperando a que nos diga los ejercicios que debemos hacer con eso de las medidas, los metros y los kilos.

—Todo el mundo en fila en la puerta de clase. Vamos a ir al gimnasio para hacer Matemáticas hoy.

¡Sorpresa! Pues sí que debe de estar de buen humor hoy.

Rápidamente, nos ponemos en fila y, aunque hablamos, vamos ágiles, no sea que se arrepienta y terminemos haciendo cien ejercicios para mañana.

10:08 a. m.

Emilia se mosquea porque no hacemos la fila de uno y seguimos hablando.

Si no tenemos cuidado, perderemos la ocasión.

Nos movemos hacia al gimnasio.

10:11 a. m.

Llegamos al gimnasio y entramos todos como hacemos con Antonio, el profe de Gimnasia.[3] Nos sentamos en los bancos corridos que hay junto a las ventanas para esperar a ver qué nos dice la profesora.

Nos fijamos en que hay una caja y una mesa preparada con unas hojas y lapiceros.

¡Qué nervios! A ver si va a ser un examen sorpresa y la liamos otra vez.

10:12 a. m.

Por fin guardamos silencio y la profesora puede comenzar a hablar.

Como el gimnasio es mucho más grande que la clase, Emilia eleva la voz, pero sin gritar.

Sigue sin estar enfadada, no lo entiendo.

—En esta caja tenemos unos metros muy largos que nos ha prestado don Antonio, lo que significa que hay que cuidarlos bien. Con ellos vamos a medir el gimnasio y vamos a escribir todas las medidas que realicemos en estos planos del gimnasio que tengo en la mesa.

---

[3] Digo Gimnasia sin intención de molestar, ya que era como se llamaba en aquella época a la asignatura de Educación Física.

Todos estábamos deseando coger uno de los metros del profe. Él siempre los usaba para medir nuestros saltos y medir la distancia que alcanzábamos cuando jugábamos a lanzar la pelota esa que tiene que pesa tanto.

—Veamos, en equipos de cuatro os repartís y os organizáis para que todo el mundo participe, ¿queda claro?

Todos contestamos afirmativamente.

¡Qué ganas de empezar!

—¡Vamos, todo el mundo a trabajar!, ¡que nadie se quede parado!

10:15 a. m.

Absolutamente todo el mundo está ocupado midiendo el gimnasio.

Me ha tocado con Sara, que es superlista y siempre saca muy buenas notas, Marta y Fernando.

Éxito seguro, porque nos llevamos superbién.

Sara anota en el plano y Fernando y yo estiramos la cinta de medir. Marta se asegura de que esté recta y bien pegada a la pared.

Vamos a buen ritmo. Esto mola mucho.

10:20 a. m.

La profesora se pasea entre nosotros observando.

No ha tenido que regañar a nadie porque todos estamos concentrados en lo nuestro.

De vez en cuando, nos dice que tengamos cuidado y que hay que repartir el trabajo. Que no solo trabaja uno o dos.

10:43 a. m.

Nosotros ya hemos terminado de medir todo.

Revisamos que el plano esté completo y no le falte nada.

Está perfecto.

Se lo entregamos a la profesora y nos da la enhorabuena por el trabajo.

10:50 a. m.

Todo recogido.

Estamos preparados para volver a clase. Hacemos la fila y vamos todo lo bien que podemos.

Emilia está realmente de buen humor.

—¿Adónde irán todos estos tan contentos? —escucho decir a sor Concepción, que está en la recepción del colegio al pasar.

La verdad es que esto ha molado mucho.

Esta tarde a la que llegue a casa si no hay mucha tarea voy a medir mi casa.

Tendré que dibujar un buen plano, eso sí.

10:56 a. m.

Ya estamos de vuelta en clase.

Miro unos segundos el dibujo de la pizarra. Es esa escalera de la medida, con metros, centímetros y demás. Creo que entiendo lo de medir. De hecho, me gusta. Pero sigo sin entender para qué sirve aquello.

¿Y si sor Tomasa tiene algo de razón y soy un poco lelo?

¿Tendrá que ver el humor con el que nos presentamos a nuestros alumnos en la calidad de nuestras acciones docentes? ¿Será nuestro estado anímico, nuestra proyección personal determinante a la hora de generar la intención del aprendizaje y, por lo tanto, de la enseñanza?

Es curioso cómo la gestión del miedo, en algunos casos, impide el acto didáctico en sí. Cómo el modo en el que tratamos, hablamos y llegamos a despreciar causa una incapacidad sobre el aprendizaje. Del mismo modo, podemos hablar del aspecto tan positivo que resulta generar situaciones que fomentan un desarrollo intelectual superior, que originan y causan en aquellos en los que en un principio se suponían faltos de interés o incluso de capacidad la necesidad de desafiar su propia intención. Buscando aplicar de forma natural y cotidiana aquellos procedimientos que, sin duda alguna, causan el logro de los contenidos que tanto ansiamos los docentes y, por qué no también decir, los padres.

¿Y si nunca jamás nada ni nadie pudiese llegar a hacerte dudar de tus propias capacidades?, ¿ni adjudicar roles heredados?, ¿ni a caer en la trampa de llegar a pensar que de verdad eres lelo?

Capítulo III

No se tiene con el alma de nuestros niños
el mismo cuidado que con sus pies.
Se les compran zapatos a medida,
pero no se les construye una escuela a medida.

ÉDOUARD CLAPARÈDE

Dicen que las décadas de 1960 y 1970 fueron las de la recuperación económica de España, con el denominado milagro económico español. Gracias al incremento del turismo extranjero, el país se transformaba tras unos duros años de aislamiento.

En estos últimos años, la ciudad de Madrid ha crecido mucho. Se le han ido uniendo diversos municipios y, por causa de la migración desde zonas rurales hacia la capital, se crean muchos nuevos barrios. Se construye una cantidad ingente de viviendas, de las llamadas de protección oficial.

Joaquín vive en Madrid, pero como es hijo de militares vive en las casas destinadas a los mismos en la zona de Atocha. La verdad es que vive tranquilo, no se puede quejar. Quizá que en ocasiones no puede ir y venir tan tranquilamente por eso de los atentados terroristas. Dice su padre que no está el horno para bollos, que las cosas no están finas como para ir a lo loco por ahí. Y algo de razón tiene. No hay día que no se escuche por la radio alguna de las noticias de las que hablan sus padres mientras se come o se cena.

En verdad, Joaquín no tiene grandes intereses en ir y venir libremente por la ciudad, pero sí en poder quedar con su amigo Julián. Este vive muy cerquita de la casa de Joaquín y van a clase juntos. El colegio es un centro religioso en el que solo hay niños. Joaquín es buen estudiante, al igual que su amigo Julián. Hacen muy buen tándem dentro y fuera de clase. No les importaría tener a las chicas en clase, pero a sus doce años tampoco les preocupa demasiado. Eso sí, cuando quieren no se les escapa ni una, sobre todo por la labia de Julián. En cambio, poder hacer sus experimentos con el juego que les trajeron los pasados Reyes Magos, el *Cheminova-O* de Mediterráneo, eso sí les quita el sueño. Este juego de experimentos químicos es lo más; puedes realizar más de ochenta experimentos alucinantes. Eso sí que les tiene realmente entretenidos.

La prioridad de ambos es la de llegar a casa desde el colegio, merendar un buen pan con aceite y chocolate —o lo que toque, porque si es de caballa con pimientos asados en aceite también es lo más— y la de hacer la tarea rápidamente para poder ponerse manos a la obra con el juego.

Ambos tenían entre manos un verdadero desafío: el de fabricar pólvora. Pero pólvora de verdad, de la que explota.

Sí, sí. No es broma. Se podían fabricar explosivos reales. Ya lo habían hecho antes, pero en pequeñas cantidades. Alguna vez habían reunido todos los petardos que se podían comprar en las Navidades, en los puestos de la plaza Mayor, y desmontándolos con mucho cuidado habían sacado toda la pólvora que podían. Pero el desafío al que se enfrentaban ahora era mayor. Habían descubierto que podían comprar por muy poco dinero en la farmacia clorato de potasio, que mezclado con azufre y carbón vegetal producía el polvo explosivo. Y así planearon, llevando a cabo un verdadero experimento de locura, conseguir nada más y nada menos que llenar una caja de las que Julián guardaba bajo su cama.

En el colegio recibían clase de un maestro que sin ser religioso daba clase por allí. Claro está que no todos los profesores lo eran, pero este tenía grandes conocimientos de física y química. Realmente sabía de todo y conseguía que todos los chavales tuviesen necesidad de probar y experimentar cualquier tipo de experiencia que les contase. El tío lograba convertir cualquier historieta en un verdadero desafío. Y así había sido con el tema del explosivo.

Eso sí, la idea que tanto Joaquín como Julián habían tenido no terminaría de la mejor forma. Pero seguro que ninguno de ellos ni sus familias y tampoco el profesor don Emilio lo olvidarían jamás.

Miércoles, 5 de marzo de 1976
8:14 a. m.

Estoy esperando a Julián en el portal de su casa. Siempre tarda un poco en llegar.

Menos mal que ya no hace tanto frío, aunque tiene pinta de llover de lo lindo.

—¿Qué pasa, tío? —pregunta Julián según sale del portal.

—¡Adiós, Manuel! —nos despedimos al unísono del portero, que sigue barriendo el trozo de calle que le toca.

—¡Vamos, chavales, no la lieis mucho hoy y estudiad, que, si no, terminaréis como yo por aquí!

Siempre les decía lo mismo. Cada día la misma frase de camino al cole.

Pero mira que es raro, porque Manuel sabe de todo y cuando nos habla nos encanta quedarnos sentados escuchándole. Sobre todo, las tardes que ya hace calor y nos bajamos a merendar un bocadillo de caballa y pimientos para que nos cuente sus historias del pueblo. Pero nos lo dice porque él no pudo ir a la escuela.

Nos vamos rápido para el colegio, que vamos *pelaos*.

8:23 a.m.

Entramos por la puerta y directos a formar en la puerta del aula.

Tardamos poco porque los dos vivimos cerca del colegio; bueno, yo un poco más lejos que Julián.

Hacemos todos una fila perfecta y saludamos a don Fausto, el director. Siempre forma a la entrada del colegio para controlar que no se desmadre la cosa.

Como es del Atleti, sigue enfadado desde el domingo. Normal. Se le pasará entre hoy y mañana, pero, como dice don Emilio, nuestro profesor, hasta el domingo próximo que volverá a enfadarse.

Don Emilio es del Real Madrid y los dos siempre están a la gresca, aunque se llevan muy bien.

Pasamos por la capilla y saludamos al santo, como es norma.

8:28 a.m.

Llegamos a clase.

Don Emilio espera haciendo un dibujo en la pizarra; mira que dibuja bien el tío.

Nos sentamos y nos preparamos para empezar.

Mientras el profesor termina, le cuento a Julián que he conseguido unas pesetas para comprar esta tarde lo que nos falta en la farmacia.

—¡Genial, macho!, porque yo lo tengo todo preparado. Dejé todo en los botes para esta tarde no perder ni un solo momento. ¡Va a ser apoteósico! —me dice Julián mientras abre tanto los ojos que parece que se le van a salir.

Está como el día que abrieron la tienda nueva de puertas en el barrio, con esa puerta de cristal que se abre y se cierra sola.

Nunca habíamos visto una hasta entonces.

Madre mía, las veces que pudimos pasar para verla abrirse y cerrarse.

Eso sí, hasta que el de la tienda nos enganchó y se cagó en todo lo cagable. Terminó llamando a nuestros padres y el lío fue gordo gordísimo. Julián le dio un teléfono falso y el de la tienda se pasó un buen rato llamando. Menos mal que nadie contestó a la llamada.

Yo no pude evitarlo y, claro, di el de verdad.

Cuando mi padre apareció por allí, ese día las patillas nos estuvieron doliendo un buen rato.

Vamos, que empieza la clase.

8:31 a. m.

Don Emilio comienza, como siempre, a contarnos una historia que no entendemos y que no viene a cuento con la asignatura.

Estamos en Matemáticas, ¿qué tendrán que ver las pirámides y el antiguo Egipto con la lección?

La verdad es que molan sus clases porque, aunque tenemos un cuadernillo para cálculo, siempre nos cuenta estas historias que terminan hablando sobre algo de la clase.

A mí el cálculo me gusta, menos cuando me equivoco y tengo que borrar dos o tres veces la cuenta y se ve superfea. Eso no me gusta.

Prestamos todos atención a la historia porque seguro que suelta alguna chorrada para que nos riamos.

A ver si dice algo del Madrid y del Atleti, que siempre hay jaleo cuando las dice.

8:41 a. m.

Pues va a ser que terminamos haciendo quebrados.

Don Emilio tiene una capacidad sorprendente para comenzar con una historia que nos deja la boca abierta y terminar, como ahora, haciendo quebrados.

Estos se me dan bien. Termino rápido siempre todos los ejercicios.

Esta clase mola porque don Emilio nos reparte en grupos y nos da encargos para ser los profesores. Nosotros profesores, ¡alucina!

—Mientras todos no lo hayamos entendido, ¡no seguimos! —repetía siempre don Emilio.

La verdad es que daba la impresión de que los chicos a los que peor se les daba eran sus favoritos.

No lo entiendo, porque el resto de los profesores que he tenido siempre lo hacen al revés, prefieren a los listos.

9:12 a. m.

He terminado mis ejercicios de los primeros de la clase.

Don Emilio me hace encargado de enseñar a los que van atrasados o lentos.

Me acerco a Julián para ayudarle. Parece que se le están atragantando los quebrados de hoy, pero termina en dos minutos. Buscamos otro compañero a quién ayudar.

Miguel siempre es de los últimos. Me cae bien.

Me acerco y le explico cómo hacerlo para que no se le olvide más. Igual que lo explicó don Emilio.

Yo lo entendí superbién, pero Miguel no lo entiende, de modo que pienso cómo hacer que lo entienda.

—El problema de matemáticas es el mismo para todos. Si tú lo resuelves y sabiendo que un compañero no lo hizo aun avanzas, ¡eres un egoísta! —Estas palabras las repite don Emilio cada día en clase.

Es mucho de repetir algunas frases que se te quedan grabadas.

Creo que ya se me ocurre cómo hacer que Miguel lo entienda.

Vamos a intentarlo.

9:24 a. m.

Me ha costado, pero Miguel creo que lo ha pillado.

Al menos, le sale bien. El tío se crece cuando le salen. Yo creo que no se ve capaz, pero luego es muy listo.

La verdad es que siento que aprendo más cuando consigo ayudar a algún compañero.

En esta clase me siento realmente bien.

Los quebrados les cuestan a bastantes de la clase, pero lo pillarán, como siempre.

Si fuese la clase de don Antonio, ya sería otra cosa.

Ya seríamos la clase de los bobos o algo peor.

Vamos, que Miguel se habría llevado algún capón de los de dos nudillos.

Esos duelen demasiado.

Y seguro que habría hablado un par de veces, al menos, con sus padres. Y eso no mola nada.

9:27 a. m.

Termina la clase de Matemáticas de don Emilio.

Tenemos que ir a hablar con él antes de que se marche a otra clase.

Nos pidió que le fuésemos contando cómo iba nuestro proyecto, de modo que vamos para allá.

—Ya tenemos todo preparado, don Emilio —le aborda Julián.

—Esta tarde compraremos como para poder llenar un vaso de los de la cocina —digo yo meneando las cejas arriba y abajo.

Seguro que le he dejado flipado con eso.

—Chicos, me encanta, pero espero que estéis teniendo cuidado. No la lieis —nos avisa, mostrando a partes iguales emoción y cautela.

—Tranquilo, don Emilio. Lo tenemos todo controlado. En cuanto podamos, vamos al descampado de detrás de la iglesia para hacer una buena zanja y ¡puuum! —suelta Julián agitando los brazos.

El tío se piensa que vamos a repetir un ataque aéreo de los de la Segunda Guerra Mundial.

Mira que le gustan esas películas.

Don Emilio nos da un toque en la cabeza a cada uno, gira con sus libros y carpetas en la mano y sale hacia otra clase.

—¿Y ahora qué toca? —pregunto.

—¡Mierda! Toca Francés con el padre Javier —contesta Julián tapándose los ojos.

Se acabó la felicidad por ahora.

El padre Javier entra por el pasillo y se acerca a la clase.

Ahora solo tenemos que esperar hasta el recreo o el final de la jornada para ir a casa.

Entonces vuelve la alegría.

Martes, 11 de marzo de 1976
9:33 a. m.

La clase de Lengua ha terminado justa de hora. Ya estamos esperando a don Emilio para Matemáticas.

Tanto Julián como yo estamos algo preocupados. Seguro que el profe está al tanto de lo sucedido anteayer.

¿Estará enfadado o decepcionado con nosotros?

El viernes conseguimos terminar nuestro proyecto y rellenar una caja de zapatos de las que Julián tenía debajo de la cama. Nuestro plan era bajarnos al descampado el sábado por la tarde y jugar a las explosiones.

Hasta ahí bien.

Pero el sábado por la mañana —por simpatía nos han dicho los bomberos— la pólvora decidió reventar sola, como por arte de magia.

El petardo fue tan brutal que, al ser una casa de militares, todo el mundo pensó que había sido un atentado terrorista.

Madre la que se montó: policía, bomberos, militares, prensa...

En las noticias de la noche hablaban del último atentado y todo.

Mi padre casi nos mata. Ahora tiene un percal interesante en el trabajo para solucionar esto.

Menuda cagada. Lo vamos a pagar bien caro.

Ya se acerca por el pasillo.

Estamos preparados en silencio.

9:42 a.m.

La lección avanza con normalidad.

Julián y yo nos miramos preocupados. Don Fausto nos ha citado al entrar en el colegio para hablar con nosotros.

—Señoritos, los espero sin demora en mi despacho nada más comience el recreo de la mañana. ¿Queda claro como el agua?

Nos gustaría poder hablar antes con don Emilio, porque seguro que nos da algún consejo.

Se nos va a caer más el pelo.

9:54 a.m.

Hoy no estoy muy fino con las cuentas. Los quebrados se me están atragantando.

Hasta Miguel me está mirando sin entender qué es lo que pasa.

Seguro que todos lo saben.

Mi cabeza no está para esto ahora.

Si es que ayer salió en el periódico. Mi padre casi me mata.

Don Emilio se acerca cuando nadie se da cuenta y nos dice que estemos tranquilos.

—Ante los problemas, existen dos tipos de personas, chicos: los que se preocupan por el problema. Estos lo pasan realmente mal y no solucionan nada; normalmente, promueven que el problema crezca. Y los que se ocupan de los problemas. Estos suelen resolverlos y cuando no se puede, pues no se puede y ya está.

Julián y yo nos miramos atónitos.

Nos ha dejado de piedra.

La clase se ha enderezado un poco, aunque no ando nada fino yo.

Don Emilio no nos ha preguntado nada sobre lo sucedido. Es raro.

Terminamos hoy pronto la clase.

Como tenemos Gimnasia después, normalmente termina antes para que todo el mundo pueda terminar sus ejercicios y poder llegar a cambiarse de ropa a tiempo.

Todos corren con las bolsas de deporte camino del vestuario, que está a los pies de la pista de baloncesto, para cambiarse de ropa.

Julián y yo nos quedamos rezagados un segundo.

Parece que don Emilio quiere decirnos algo. Nosotros necesitamos oírle.

—Chicos, no os preocupéis más de lo que ya os habéis preocupado. Ahora toca apechugar —nos dice mientras se sienta en una silla frente a nosotros—. Seguís siendo buenos chicos. ¿Qué creéis?, ¿que los mayores científicos no han sufrido accidentes? —Este hombre cuando habla con nosotros nos deja bastante calmados—. A ver, chicos, ¿cómo estáis vosotros? —nos pregunta.

—¡Somos unos delincuentes! —resopla Julián.

—¿Quién te ha dicho eso? Porque yo os conozco desde primer curso y no creo que sea cierto.

Nos mira como si no entendiera que pensemos así.

—Nuestros padres, don Fausto, don Vicente... —le informo de la lista de adultos que nos han vaticinado un futuro de delincuencia y hampa.

Lo cierto es que en los últimos días solo nos dicen ese tipo de cosas.

—Vamos a ver, chicos. Habéis metido la pata mucho. Habéis asustado a mucha gente. ¿Recordáis que os pedí que tuvieseis muchísimo cuidado? —mientras deja todas sus cosas apoyadas en el pupitre de Miguel, que es el más cercano—. No sois delincuentes. Que nadie os haga sentir así, porque no es cierto. Yo sigo estando orgulloso de vosotros, pero ahora necesito que hagáis algo para sentirme más aún, si cabe.

Lo que nos diga a muerte. Esto lo tenemos claro tanto Julián como yo mismo.

—Ahora toca disculparos tantas veces como sean necesarias y trabajar duro para recuperar la confianza de vuestros padres. Por el resto no os preocupéis, que, en el fondo, sienten envidia. Vosotros habéis intentado algo a lo que normalmente la gente ni siquiera se atreve a pensar. De modo que, aunque ahora vengan unos días malos, siempre seguiréis siendo vosotros mismos. Nada de ser delincuentes.

Se pone de pie como si nada, agarrando sus trastos.

Nos mira con una sonrisa incluso más grande de lo habitual.

—Ya os contaré algún día lo que me pasó en la universidad haciendo experimentos explosivos. Pero eso os lo tendréis que ganar. —Nos guiña un ojo como si nada—. Venga, chavales, ¡a por el día, que es largo y bonito!

Se da la vuelta y sale de clase.

Julián y yo nos miramos.

Julián me hace un gesto con los hombros como si no entendiera nada de lo que acaba de suceder, pero nos levantamos para ir a hacer deporte.

10:29 a. m.

Volamos al patio, que toca baloncesto.

Que no se nos pase ir en el recreo al despacho de don Fausto. Habrá que aguantar el chaparrón.

Julián me mira con cara de estar tramando algún otro experimento. Aunque será sin el *Cheminova-O*.

¡Qué se le va a hacer!

Quizá sea una parte fundamental para tratar en el área de la matemática aquello que tiene que ver con escuchar y atender al interés del alumno. Y del área de artística el mirar, como dice un buen amigo y maestro, la intención de su mirada. Por consiguiente, del ámbito de las ciencias sociales y naturales el sentir hacia los demás y del sentirse uno mismo. ¿Se imparte de veras un contenido eficaz para el desarrollo integral?

Se otorgan títulos y epígrafes a diestro y siniestro, realizando valoraciones en su mayoría desafortunadas para aquellos que precisan, bien de una atención especial, bien una simple escucha respetuosa, bien una palabra, una simple conversación de igual a igual. De persona a persona.

Se abandona a su suerte a alumnos cargados de inquietudes y verdadera necesidad de aprender, de conocer. Se les imputa un delito previsto y sentenciado antes incluso de que suceda, lastrando su desarrollo y su propio concepto como persona.

Es tan grandioso el acto de atender a su necesidad, evitando etiquetarlos, permitiendo que sean libres, cada uno de ellos, quienes decidan el rumbo, el destino y la tipología del cartel a colocar en el quicio de sus puertas. Es tan grande la responsabilidad que recae en las manos y los ojos de los docentes. Podemos ser coautores de la desviación de una trayectoria, pretendiendo precisamente lo contrario.

Podemos y debemos hacerles sentir responsables de sus actos, de su comportamiento, de sus logros y sus fracasos. Pero nunca juzgarlos, puesto que no somos jueces. Con ello los abandonaríamos a su suerte. De esta forma, evitamos lastrarles mediante la culpa, para tornarlos a avanzar mediante la responsabilidad personal.

¿Y si concediendo apenas unos minutos para charlar diésemos vía libre a solucionar conflictos, que, de una u otra forma, pueden ser no un problema, sino un camino hacia el futuro? ¿Y si no me hubieran colgado el cartel de...?

Capítulo IV

El niño tiene cien lenguas, cien manos, cien pensamientos,
cien maneras de pensar, de jugar y de hablar
cien, siempre cien
maneras de escuchar, de sorprenderse, de amar,
cien alegrías para cantar y entender,
cien mundos que descubrir, cien mundos que inventar,
cien mundos que soñar.
El niño tiene cien lenguas —y cien y otras cien más—,
pero le roban noventa y nueve.

LORIS MALAGUZZI

Los científicos hablan de un nuevo nombre para la época en que vivimos. Una época marcada por la huella que el ser humano ha dejado y continúa dejando en la Tierra: el calentamiento global, la polución, el cambio climático. Hablan de la edad de los humanos, el Antropoceno.

Un tiempo en el que la información no solamente nos sobrevuela, sino que flota en una nube invisible y que nos otorga la capacidad de acceso ilimitado a una ingente cantidad de información. Saberes y conocimientos casi ilimitados. Al alcance de nuestro pulgar. A un solo clic. Es imposible no triunfar.

Una época de seudo libertad de expresión. Una época en la que todos podemos decir aquello que queremos, lo que nos plazca, pero, al tiempo, somos presos de la protección y del derecho de imagen. Una época en la que hablamos permanentemente de nuestros derechos, cada vez mayores en número, pero en proporcionalidad inversa a nuestros deberes, cada vez menores y en retroceso.

El curso 2019/2020 tenía pinta de ser uno más a la colección de malos años para María. Aun siendo de las mayores de la clase, es siempre de las últimas en todo. De verdad que ella pone todo su empeño en las tareas, en prestar atención en clase, pero nunca sale bien. Lleva así muchos años. Quizá demasiados.

Sus padres lo pasan realmente mal, porque intentan ayudarla en casa, con profesores particulares, incluso con una asociación donde le enseñan a estudiar. Pero tampoco sale bien.

El inicio del curso siempre es igual. Ella empieza con unas ganas tremendas. Cuida sus cuadernos, el material, pero enseguida empieza a perderse y no entender casi nada. De hecho, hay ocasiones en las que en casa tiene que prácticamente repetir las clases de Lenguaje, de Matemáticas o de Inglés enteras.

Sus padres suelen terminar discutiendo entre ellos a causa de esta situación. No lo hacen delante de ella, pero María es consciente de ello. Los escucha discutir. Los nota cansados e incluso tristes. Pero la quieren a morir, ella es su niña. Al ser hija única y trabajar por las mañanas, pueden prestarle mucha atención. En eso tiene mucha suerte.

Como cada inicio de curso, la llevan a hacer unas pruebas para ver si tiene lo que llaman un trastorno de déficit de atención e hiperactividad (TDAH). En el cole, les dicen siempre que es un horror trabajar con ella, porque «está a por uvas permanentemente».

En España el diagnóstico de este trastorno se ha incrementado aproximadamente un 30% en los últimos años, sobre todo en los niños en edades comprendidas entre los ocho y los doce años. La consecuencia directa de esta situación es que unos doscientos cincuenta mil niños toman psicoestimulantes a diario para mitigar las consecuencias de ese tipo de trastornos. La realidad es que en las familias surge un miedo al sentimiento de culpabilidad por este tipo de medidas.

Las profesoras que María ha tenido en los últimos años siempre la han derivado y han solicitado que sea tratada como TDAH. Sus padres no están del todo conformes y siempre solicitan alguna modificación de la atención que recibe. La comunicación no siempre es buena entre ellos. Esto lo termina pagando la propia María.

Este curso toca cambio de profesora y les ha tocado una incorporación nueva al colegio. Belén es la profesora que tendrán en las asignaturas de Lenguaje y Matemáticas y que, además, será la tutora.

Los padres de la niña temen que, al estar en 5.º de Educación Primaria, este curso se cumpla aquello que desde el primer momento les dicen en las tutorías: «Este año tocará repetir curso, seguro». Eso será desastroso para la niña. Están convencidos de ello. Están bastante preocupados porque el curso anterior vieron cómo la niña cambiaba su conducta y su comportamiento, convirtiéndose al finalizar el curso en una niña triste y gris. Cuando ella no es así. Nada que ver.

Para poder adelantarse a cualquier asunto, la familia ha solicitado una reunión con la nueva tutora, Belén. Van a intentar explicarle cómo funciona María en casa, cómo trabajan ellos para sacarle las castañas del fuego y el tipo de necesidades que tiene.

Están seguros de que las profesoras anteriores habrán dado su opinión, pero quieren evitar lo que pasó la vez anterior que cambió de tutora. Quieren evitar que le cuelguen el cartel antes de llegar a conocerla y darle al menos una oportunidad.

Tras las primeras semanas, están sorprendidos con algunos comportamientos de la niña y con algunas de las cosas que cuenta en casa. La ven sorprendentemente alegre y con verdaderas ganas de ir a clase. Esto no pasaba antes. Por eso, están deseando tener la tutoría para poder charlar al respecto. Ya tuvieron la reunión de grupo, pero, claro, en esa reunión se tratan aquellos asuntos de carácter e interés general para todos. Se habla del material, del horario, del tipo de trabajo y de mil cosas más. Pero a ellos les interesa María, como es lógico.

La verdad es que salieron sorprendidos porque la profesora dijo que el trabajo va a ser bastante diferente a lo que están acostumbrados; que van a participar más, dialogar y hablar para aprender de una forma más significativa. Esto les agrada, aunque les preocupa bastante. María tiene serios problemas para expresarse; si tiene que hacerlo delante de otras personas, se pone muy nerviosa y se bloquea con facilidad. Tartamudea mucho. La ven bien, pero luego pasa siempre lo mismo. De modo que no quieren hacerse ilusiones ni que se las haga la niña. Luego el mazazo es peor.

Martes, 15 de octubre del 2019
9:03 a. m.

Suena la música en el patio. Significa que ya hay que entrar en clase.

La profesora ya está preparada. Está hablando como todos los días con el tutor del B, Antonio, mientras sonríe, como siempre.

Hoy estoy cansada. Dormí regular. No me apetecía levantarme nada de nada.

Pero mi madre me dejó traer mi estuche nuevo si me daba prisa. ¡Esas oportunidades no hay que desaprovecharlas!

Al fondo, junto a la puerta está la directora.

Parece que vigila enfadada, como si fuésemos a escaparnos.

La fila se mueve. Todos detrás de Belén hacia el edificio.

9:05 a. m.

Subimos las escaleras en silencio.

Los martes es el día del silencio y no podemos hablar ni nada. Eso dice la directora. Sigue enfadada.

Pero tengo que decirle a Paula que me han dejado traer el estuche nuevo.

Paula va delante de Javi, de modo que la aviso, pero sin gritar.

La directora me chista con una potencia que alucinas. A mí no me sale tan fuerte ni de broma.

Me callo. Esperaré a llegar a clase y se lo enseño.

9:07 a. m.

Entro rápidamente en la clase.

Dejo la mochila en la mesa y el abrigo en la silla. Me acerco a Paula, que habla con Miguel.

—Paula, mi madre me ha dejado traer el nuevo. ¡Mira!

—¿A ver?

—Buenos días a todos. ¡Nos vamos sentando, subimos persianas y sacamos las cosas en silencio! —grita Antonio, el profe del B.

Suele entrar en nuestra clase a saludar y dar los buenos días, mientras Belén saluda a la otra clase.

—¡Ya tenemos a los de siempre que se ponen a charlar nada más llegar!

Le enseño el estuche a Paula mientras me voy a mi sitio.

Me siento. En silencio.

¡Qué ganas tengo de que entre Belén para enseñarle mi estuche nuevo!

¡Qué ganas tengo!

¡Seguro que le encanta!

9:09 a.m.

Por fin entra Belén y se dirige a su mesa.

Me levanto rápidamente para enseñarle mi estuche.

—¡Mira mi estuche nuevo, seño! Me lo compró mi abuelo el fin de semana cuando fuimos a comer a su casa.

Belén deja las cosas sobre la mesa. Me mira emocionada.

—¿A ver, María? —Me lo coge de las manos y lo mira por todos los lados—. Es superprecioso y tiene mucho sitio para el material. ¡Me encanta que tengas un estuche nuevo tan bonito!

Levanta el estuche y se dirige a toda la clase:

—Chicos, ¡mirad qué pasada de estuche! —Y lo enseña bien a todos.

Estoy flipando de verdad.

—De verdad que está superchulo, María. Ahora tendrás que estar superatenta y esforzarte como siempre para que el abuelo esté más orgulloso de ti de lo que ya está, ¿verdad?

—¡Sí, seño!

Pues claro que lo voy a hacer. Qué subidón tengo.

Hoy me como el mundo.

Me siento rápidamente y saco todo el material para la clase de Mates.

La profesora, mientras tanto, está preguntando al resto qué tal están y si tienen algo importante que contarle.

Héctor le ha dicho que hoy va a ir al cine con sus tíos. ¡Qué morro tiene!

¡Qué bonito es mi estuche, madre mía!

9:12 a. m.

Hoy repasamos unas divisiones que hicimos ayer en clase.

No se me dan muy bien.

Como no las terminé, me tocó hacer las que me faltaban en casa con mi padre. Pero suele pasarme, así que estoy acostumbrada.

Hoy prestaré toda la atención que pueda. Me van a salir genial, seguro, ¡ya verás!

Sale Miguel a la pizarra para corregir la primera división.

Yo tenía la mano levantada la primera, pero no pasa nada.

Miro al mismo tiempo mi cuaderno y la pizarra. Por ahora está bien.

Miguel escribe la división mientras mira en su cuaderno.

—Miguel, acuérdate de nuestra norma: si no hablamos y contamos lo que pensamos, no sirve de mucho —oigo a la profesora decir.

Ya no quiero salir tanto, ¿ves?

Lo paso realmente mal cuando me dicen que tengo que hablar. Además, Álex siempre se ríe de mí y dice que lo tengo mal todo el rato.

Miguel termina la división.

No la he corregido, me distraje.

Levanto de nuevo la mano para salir a corregir.

Mira que estoy contenta de haber traído mi estuche.

9:32 a. m.

Ya hemos terminado de corregir las divisiones.

Tres mal.

Menos mal que no he salido, porque me bloqueo cada vez que lo intento.

Ahora vamos a practicar unas divisiones con decimales por parejas.

Se me dan fatal fatal.

Todos se han buscado su pareja y quedamos los de siempre.

Cojo mi estuche, por si tengo que ir a otro sitio.

Le tocará a Belén organizarnos, porque, si no, me quedo sola otra vez.

—María, necesito que me ayudes con una tarea superimportante, ¿puedes?

¡Me libro de hacer las divisiones!

—¡Claro, seño! ¿Qué tengo que hacer?

—Mira, María, la semana que viene vamos a tener la actividad del hermanamiento[4] con los de infantil y vamos a hacer la manualidad que os conté ayer. Pero necesito saber cuántos círculos tenemos para cada uno. Mira, son doscientos sesenta y cinco círculos y veinticinco alumnos. ¿Puedes ayudarme a organizarlo?

—Sí, Belén, ¡yo me encargo!

Me siento en la mesa del ordenador, como me indica la seño.

Veamos cómo puedo hacer esto... Primero empiezo a hacer grupos de veinticinco, pero enseguida veo que no funciona.

Luego hago veinticinco grupos, pero no tengo espacio en la mesa para todos. Necesitaría una mesa más grande.

—¿Necesitas ayuda, María? —pregunta la profesora mirándome de una forma especial.

Cuando me mira así, me gusta.

No me siento mal.

---

[4] La actividad de hermanamiento se realiza en muchos centros con el fin de familiarizar y sensibilizar a los alumnos de los cursos de primaria y secundaria —en muchos casos— respecto a los compañeros de infantil y viceversa. Se crean grandes lazos afectivos y de respeto. Es una gran actividad en los centros.

Me siento más importante.

Tengo que conseguir hacer esto.

¿Y si cojo una hoja y lo intento con números?

Tengo claro que debo repartir los círculos entre los veinticinco niños de infantil.

Buscaré cuántas veces existe el veinticinco en el doscientos sesenta y cinco, a ver qué pasa.

9:47 a. m.

Después de un buen rato de estrujarme los sesos, termino la tarea.

—Cada uno tiene diez círculos y sobran quince, por si acaso se rompe alguno.

—Mil gracias, María. ¡Fantástico! Me has quitado un trabajo de encima. ¿Cómo lo has hecho al final?

Le explico que he buscado las veces que existe el veinticinco dentro del doscientos sesenta y cinco y que primero había dos veces, luego cuatro y luego otras cuatro.

Entonces, había diez veces el veinticinco y sobraban quince.

—Entonces, doscientos sesenta y cinco dividido entre veinticinco son diez y me sobran quince. ¡Fantástico, María! Qué ganas tengo de decirles a tus padres lo bien que trabajas y lo que me ayudas.

Vuelvo a coger mi estuche. Lo había dejado en su mesa, no me acordaba.

¡Qué feliz estoy!

Vuelvo a mi sitio, pero algo pasa por mi cabeza: ¡hoy mis padres vienen a la tutoría con Belén!

La barriga empieza a dolerme.

Abrazo un poco más fuerte mi estuche nuevo.

No sé por qué, pero ya no estoy tan contenta.

Quizá no debería haber traído mi estuche nuevo.

Seguro que me distraigo más y es peor.

Tengo la sensación de que el día se ha ido al garete.

Miércoles, 16 de octubre del 2019
10:02 a. m.

Volvemos de clase de Música con Bárbara.

Me encantan sus clases y ella.

Hoy mi madre me dejó traer de nuevo el estuche como ayer.

Ayer mis padres tuvieron tutoría.

Mi madre no me ha contado demasiado.

Simplemente, cuando llegué a casa me miró, me dio un abrazo como hacía tiempo que no me daba y creo que hasta lloró, pero de alegría.

Me dijo que tenía que seguir esforzándome, pero que estaban superorgullosos de mí.

Por lo visto, Belén les habló bien de mí.

Les dijo que me esforzaba mucho, que la ayudaba y que, aunque me distraía un poco demasiado, llegaría a conseguir ser una gran mujer.

¡Tengo muchísimas ganas de ver a la profe!

10:04 a. m.

Mientras hablamos, entra Belén por la puerta.

Como siempre, sonríe y viene cargada con sus carpetas y libros.

¡Madre mía! Siempre lleva un montón de libros para leer, debe de pasarse el día leyendo.

¿Quizá si le pido uno me lo deje leer?

—Buenos días a todos. Vamos a empezar, que nos espera un gran día.

Abrazo mi estuche nuevo de la emoción.

—Vamos a empezar con unos ejercicios de cálculo en la pizarra.

Otra vez la pizarra.

Levanto mi mano para salir. ¿Por qué hago esto?

Sale Claudia la primera.

Cuatrocientos cincuenta y tres entre treinta y cuatro...

La siguiente levanto la mano también con ganas, como siempre.

—Venga, María, te toca. —Me quedo paralizada por un momento—. Necesito que hagas para los demás como hiciste ayer para mí, ¿te parece?

—Sí, profe.

Ahora mismo me tiembla todo.

Salgo a la pizarra sin soltar mi estuche.

No tengo cuaderno del que fijarme.

Me estoy poniendo muy nerviosa.

—Recuerda decir con tus palabras lo que haces y piensas en la pizarra para todos.

—Pero yo no tengo palabras, profe —digo en voz bastante baja.

Belén me ha escuchado.

Se me acerca y me dice al oído, pero todos lo escuchan:

—Creo en ti. Eres única. Eres buena. Me siento muy orgullosa de poder ser tu profesora. Ahora tus compañeros te necesitan para poder aprender como haces tú y solo tú esto. Si te equivocas, estaremos todos para ayudarte. Como cuando tú me ayudas a mí. ¡Vamos a ello!

Nadie dice ni una palabra.

Solo veo sonrisas.

Solo siento la sonrisa en mi cara.

Sigo apretando contra el pecho mi estuche nuevo.

Pero empiezo a escribir y a decir con mis palabras, que no son muy buenas, lo que hago.

10:06 a. m.

Me equivoco dos veces.

La primera me bloqueo un poco.

Pero Belén se coloca al lado de Javi, que siempre lo hace bien, y le comenta:

—¿Has visto cómo mola hacerlo así? Tienes que intentarlo tú, a ver si te sale a la primera.

Y me mira con una gran sonrisa.

Continúo y termino.

—¡Genial, María! ¿Quién quiere hacer la siguiente?

Y continúa como si nada la clase.

Me siento y dejo mi estuche nuevo sobre la mesa.

Estoy flipando. He salido a la pizarra y he hablado sin bloquearme demasiado.

Y lo mejor de todo, ¡acabo de hacer una división sola y correcta!

10:52 a. m.

La clase de hoy me ha encantado.

Aunque me he distraído dos o tres de veces y no me enteré de los deberes —menos mal que me los dijo luego Carla—, hice tres divisiones más.

Ahora tenemos Lengua y creo que dejaré el estuche en la cajonera para no jugar con él.

¡Qué bonito es, madre!

Al llegar a casa, tengo que enseñarles a mis padres cómo divido. Van a alucinar.

Y cuando les cuente que he salido a la pizarra a corregir, ya ni te cuento.

10:57 a. m.

Recogemos porque terminó la clase.

Me levanto y me acerco a la mesa de la profesora.

—Belén, ¿por qué llevas tantos libros siempre?

—Porque los leí de pequeña o los leo ahora y me encantan. ¿Por qué me lo preguntas?

Me pongo algo nerviosa. No estoy acostumbrada a hablar así con los mayores y menos con una profesora. Normalmente, hablamos de cosas de clase solo.

—Porque... ¿me dejarías uno para leer?

—¡Claro que sí, María!

Alucino en colores.

—Mira estos. ¿Quieres que te recomiende uno que me gusta especialmente?

—Sí.

Siento que esto se descontrola. Me siento literalmente orgullosa de mí.

—Mira este. Es muy sencillo de leer, ya verás. Es de mis favoritos. Toma.

Lo cojo y lo miro con una mezcla de asombro y de entusiasmo, aunque no sepa decirlo con palabras.

—Eso sí, tienes que cuidarlo, porque me lo regaló mi abuelo cuando era pequeña un sábado que paseábamos por el centro.

¡Madre mía!

Se lo regaló su abuelo, como mi abuelo a mí el estuche.

¡Quiero leerlo ya!

Hoy en cuanto llegue a casa tengo que hacer la tarea y ponerme a leer esto.

¡Qué ganas tengo!

Me doy la vuelta y me siento.

¿Y si le traigo uno de los libros que tengo en casa para que se lo lea?, ¿le gustará?

¡Seguro que sí!

Creo que tengo abrazados ahora mismo mi estuche nuevo y el libro que me acaba de dejar la profe.

Esto va a merecer la pena.

Como dice *El principito:* «Todos los adultos han sido niños, pero pocos lo recuerdan». Con facilidad colgamos carteles y títulos a aquellos que no pueden defenderse de ellos. Los lastramos de por vida. Con demasiada normalidad, vivimos una escuela que no fomenta orgullo hacia los que ejecutan el esfuerzo. Los que se sacrifican. Los que viven en el barro.

¿Sería bueno que cada uno de los alumnos se sintiese orgulloso de sí mismo para empezar?, ¿que sintiesen el orgullo de sus padres y de sus profesores por el simple hecho de ser ellos mismos?

No creo que sea necesario alcanzar metas alejadas o cumbres de esas que parecen infinitas de alcanzar. De esas que solo unos pocos llegan a acariciar.

¿Y si me siento orgulloso de intentarlo, incluso cuando fracaso?

Piénsalo: cuando se comunica con las familias, lo primero que se hace es avisar sobre aquello que no se puede hacer, lo que no se puede traer al centro, lo que está prohibido, por dónde no se puede pasar... Pero ¿alguien se va a sentir orgulloso de ellos por simplemente ser? Quizá deberíamos reconsiderar aquello que en la escuela de Barbiana se aplicaba, que la escuela se creó para aprobar a los alumnos, a todos. Especialmente, a aquellos que necesitan más.

Cuando los alumnos sienten que nadie atiende a sus palabras, incluso que nadie entiende sus palabras, llegan a pensar que su papel es el de escuchar y observar, sin aportar nada. Porque nada interesante o importante puede salir de su ser.

Es tan fuerte el poder que emana de sentirse valorado, de ser importante por ser único e inigualable. De sentir el orgullo por uno mismo y, por consiguiente, de los demás. Nace una generosidad tan grande... ¿Por qué, entonces, parece que solo hablamos a las familias de problemas, brechas, hoyos y agujeros en el camino? Y si, en vez de indicar el error, el fallo o la carencia, ¿les indicásemos el esfuerzo, el sacrificio, en definitiva, el camino hacia la oportunidad?

¿Cuáles serían las metas y las cumbres por alcanzar?

Capítulo V

—No sirve para nada intentarlo —dijo Alicia—. Una no puede

creer cosas imposibles.

—Me atrevo a decir que tú no tienes

demasiada práctica —dijo la reina—. Cuando yo tenía tu edad, siempre practicaba media hora cada día. A veces llegaba a creer hasta seis cosas imposibles antes de desayunar.

LEWIS CARROLL, *ALICIA EN EL PAÍS DE LAS MARAVILLAS*

Cuando nos referimos a la creatividad y a la imaginación, en concreto a las de los niños, siempre concluimos que son una fuente inagotable. Sus mentes son incansables, insaciables generadoras y devoradoras de creatividad. Por un lado, hablamos de la importancia que tiene que los menores den rienda suelta a este proceso creativo, mientras que, por otro, sentimos en ocasiones verdadero vértigo por su volumen e intensidad. Nos agotan. Pueden ser muy intensos. Podemos vernos superados por todas partes.

Gracias a los estudios de neurociencia y medicina, podemos describir algunos de los procesos y regiones que intervienen en estos procesos. Del mismo modo podemos definir cómo algunas actuaciones o comportamientos perjudican estos procesos tan maravillosos. Sin ser expertos, resumiremos alguno de ellos.

En una zona muy concreta del lóbulo temporal, denominada concretamente circunvolución temporal superior, en las neuronas que se encuentran en esta zona ocurre algo muy particular justo antes de que fluya esa idea innovadora o motivante, justo antes del momento creativo. Sucede lo que los expertos denominan ritmo gamma. Cuando nos encontramos despiertos y atentos, nuestras neuronas emiten un ritmo beta. Pero estas gamma se suceden cuando nos encontramos extraordinariamente serenos y lúcidos. Algunos expertos llegan a explicarlo como la última conexión de diversos conocimientos y experiencias que culminan con esa comprensión, ese descubrimiento único y personal.

En el ámbito educativo, hablaríamos del momento álgido del mismo acto didáctico. Es decir, si los alumnos consiguieran alcanzar este momento respecto a las materias o de los contenidos que imparten los diferentes currículos y que se organizan en temarios diseñados que indican el qué y el cuándo deben descubrir los diferentes hitos todos al mismo tiempo, de un modo encorsetado, sería lo perfecto. Lógicamente, esto no sucede así. Esto sucedería si las escuelas fuesen en verdad fábricas y los alumnos, máquinas perfectamente engranadas y diseñadas para llevar a cabo las funciones que de ellos se esperan, sin oportunidad de diferenciación ni criterio.

Carlos es un niño normal y corriente de la década de los ochenta. No tiene malos comportamientos ni tiene problemas respecto a las normas de convivencia ni en casa ni en el centro. Es un niño bueno. Siempre lo ha sido.

En las clases y asignaturas funciona con normalidad. Tampoco le ha dado tiempo a sacar los pies del tiesto, como dice su maestra Paloma. Claro, está en segundo de Educación General Básica. Lo que sí define a Carlos es la inmensa imaginación que tiene. Disfruta de unos intereses poco habituales para un niño de su edad. Sus padres no son unos padres al uso. Disfrutan leyendo, visitando exposiciones científicas y viendo películas de ficción. Nada negativo, en principio.

Carlos, como es lógico, disfruta de los mismos intereses que sus padres, aunque a otro nivel. Empezó a leer temprano, antes incluso que la mayoría de los niños de su edad. Claro está, le han leído siempre y cada día toda la familia se sienta al completo para disfrutar de un buen rato de lectura. A sus siete para ocho años, lee cómics, algunas revistas de ciencia de su padre —aunque no entiende muchas cosas, pero las pregunta—. Pero lo que le gusta sobre todas las cosas es el cine y la ciencia. El fútbol le es indiferente, el baloncesto tampoco le apasiona. Juega de vez en cuando con los compañeros en el patio, sí, pero sin demasiado interés —de hecho, se le da fatal—. Siempre es el último en entrar en algún equipo, pero no le molesta. No colecciona cromos de la liga ni lee revistas de deportes. Vamos, que es un pelín bicho raro.

El estreno estas Navidades de la película de *Regreso al futuro* le ha marcado. Ha decidido que quiere ser inventor. Sus padres le dicen que, entonces, debería interesarse por algún tipo de Ingeniería en el futuro, pero él no quiere ser ingeniero; quiere ser inventor. Para ello, ya tiene algún que otro cuaderno con bocetos de algunos de sus futuros inventos. Entre ellos se pueden encontrar desde coches voladores hasta máquinas que dispensan cualquier tipo de comida, en el formato que desees, con solo apretar un botón y accionar algunas manivelas —no puede haber máquina chula que no tenga varias de estas para accionar y un buen puñado de luces—.

Tiene claro que para ser inventor debe aprender muchas matemáticas, ciencias naturales y sociales y también, aunque esto no le agrade tanto, mucho inglés. Pero él está dispuesto. De hecho, tiene millones de dudas que resolver cada día. Podríamos decir que cada vez más.

Esto les gusta a casi todos sus compañeros, pero hay alguno que no comparte para nada este tipo de intereses y los percibe como una amenaza en ocasiones. De vez en cuando, le toca aguantar algunas burlas y algunas bromas pesadas de poco gusto.

Quizá tanta intención por aprender le cause algún que otro altercado en el patio y en clase. Quizá el ansia por conocer y descubrir hasta en lo más cotidiano no sea tan agradable como le gustaría. Hay ocasiones en las que se siente algo extraño entre sus iguales.

Lunes, 16 de diciembre de 1985
10:02 a. m.

Acaba de terminar la clase de Plástica y no me ha dado tiempo a terminar mi proyecto.

Si me lo llevo casa, puede que me dé tiempo a terminarlo.

Debería haberle preguntado a don Tomás.

Bueno, si le veo en el recreo, le digo y listo.

Tengo que preguntarle a Jaime si por fin han ido a ver la peli este finde al cine.

Justo cuando me levanto para ir a su mesa, entra por la puerta la señorita Paloma.

No pasa nada.

De vuelta a la mesa.

Vamos a sacar libro y cuaderno de Matemáticas. Menos mal que he mirado bien el horario de hoy, que, si no, ni me acuerdo de que toca.

—¡Vamos todos, ya sentados!

Termino de sacar el material de la mochila, que pesa un montón. Este año tenemos unos libros más grandes y gordos que el año pasado. A este paso, cuando lleguemos a octavo[5] necesitaré una carretilla.

Paloma entra hasta su mesa, deja sus cosas y directa a la pizarra.

—¡Venga, empezamos a copiar la fecha!

Mientras escribe en la pizarra con una letra preciosa, que yo jamás podré tener: «Lunes, 16 de diciembre de 1985».

Copiamos todos la fecha.

10:17 a. m.

Ya hemos corregido los tres ejercicios de ayer.

Eran unas sumas con llevadas y unas restas muy fáciles.

Tengo que preguntar una cosa a la señorita Paloma, de modo que levanto la mano.

—Dime, Carlos, ¿qué quieres?

—¿Le puedo preguntar una cosa, señorita?

—Claro, Carlos. Venga, dime, que tenemos que seguir con la clase. ¿De qué se trata?

¡Ups!

Ya no sé si le va a molestar la pregunta, pero voy a hacerla.

Necesito saber esto.

—¿Cómo podemos calcular nosotros las millas por hora de un coche de Estados Unidos? Porque el de mi padre corre en kilómetros.

—Pero ¿de dónde te has sacado tú eso?

---

[5] En el año 1970 se implantó la Educación General Básica en España, que duraría hasta el año 1990 y que regulaba la educación obligatoria en ocho cursos, siendo los primeros cinco cursos una primera etapa y los tres siguientes la segunda. Esto cambiaría posteriormente a tres ciclos. De los seis a los catorce años.

La señorita Paloma pone cara de no entender nada de la pregunta. Le contesto para que entienda:

—De la película de *Regreso al futuro*, seño. ¿La ha visto usted, seño?

—¡Ya estamos otra vez con estas! Carlos, no me parece bien que ahora quieras sacar estas cosas, ¡terminas distrayendo a todos, no es el momento!

—Pero...

—¡Ya está bien, Carlos! Vamos a seguir con lo nuestro, que es más importante.

No entiendo nada.

Bajo la mano, porque la había dejado levantada.

Giro la cabeza y veo a mis compañeros. Algunos se ríen, otros parece que no hayan escuchado nada. Como si no les importase.

Jaime me mira, pero la seño le sienta siempre lo más lejos de mí porque dice que, si no, nos pasamos el día con nuestros inventos y nuestras cosas raras.

Necesito saber cómo contaría las millas en kilómetros para mi diseño del DeLorean.

—Vamos a seguir; si nos dejan, claro.

La señorita creo que se ha enfadado, porque me mira raro.

Mejor estar callado y seguir con la clase.

Si no, le puedo preguntar al portero de casa de la abuela, Antonio, que es supermajo y yo creo que sabe también de matemáticas.

10:43 a.m.

La señorita Paloma ha terminado de hacer su explicación.

Ya podemos cerrar el libro.

¡Madre mía! Cuando tengo el libro y el cuaderno en la mesa es imposible escribir bien. No caben.

Creo que las mesas de los niños en los colegios deberían ser como la que tiene la señorita.

A ella sí le caben el libro y su cuaderno abiertos.

Menos mal que hoy no tuvimos que sacar la agenda, que, si no...

Libro guardado.

Ahora la señorita Paloma vuelve a escribir en la pizarra.

Toca hacer unas restas.

—Todo el mundo copiando el enunciado y haciendo las restas con números bien bonitos y elegantes, ¿de acuerdo?

Esto me gusta más. Se me da bien —las restas digo, porque el tema de la limpieza y la caligrafía es otra cosa—.

Vamos a copiar el enunciado, a ver si hoy por fin consigo un bien en el cuaderno por limpieza, que aún no he conseguido ninguno este curso.

Más o menos. Aceptable creo yo.

—Aquí os dejo diez restas con llevadas para que las hagáis en silencio. Yo, mientras, me siento un ratito, que llevo toda la mañana en pie y me duelen las piernas ya.

Yo necesitaría estirar las mías también, pero ya queda menos para el recreo.

Vamos con la primera resta.

10:50 a. m.

Mis restas están terminadas.

—Señorita Paloma, ¡ya terminé!

Levanto la cabeza todo lo que puedo y abro los ojos a más no poder.

Si hay suerte, me dejará salir a la pizarra a corregirlas.

—Señorito Carlitos, ¿me dejará descansar algún día usted a mí?

No entiendo esa pregunta, pero creo que es mejor no decir nada.

Me vuelve a mirar raro.

—¡Venga, sal a la pizarra y ve corrigiendo las primeras!

¡Toma ya!

Me levanto y salgo a la pizarra.

—¿No necesitas el cuaderno, bonito mío?

La pregunta ha ido con segundas, pero no me he dado cuenta hasta más tarde porque Juancho se está riendo.

—No.

Pone cara de dudar como si fuese incapaz de hacerlo sin mirar el cuaderno.

Pero soy capaz.

Si lo hice yo solo en el cuaderno, ¿cómo no voy a ser capaz de hacerlo yo solo en la pizarra?

Ya estoy en la pizarra.

Me acuerdo de que debo hablar en voz alta aquello que escribo para que la seño pueda oírlo, porque mientras yo escribo ella está corrigiendo unos papeles. Juraría que son exámenes de los de quinto.

Vamos a hacerlo.

—Trescientos cuarenta y cinco menos ciento veintitrés...

Escribo con mimo en la pizarra.

—Por favor, Carlos, cada número debajo del que corresponde, que, si no, es imposible. Acuérdate.

Me dice esto, pero no mira la pizarra. Sigue corrigiendo sus papeles.

Continúo.

—¿Qué le falta al tres para ser cinco? ¡Dos!

Escribo el dos en el lugar de las unidades.

—Lo decimos bien, por favor. Si a cinco le quitamos tres...

No entiendo y me pierdo. Me está liando.

Borro el dos y repito sus palabras.

Escribo de nuevo el dos en el lugar de las unidades.

¿No es lo mismo que decía yo?

—Del dos al cuatro, dos.

—Carlos, ¿podrías hacer las cosas bien? Acabo de decirte que es importantísimo decir las cosas bien. Repite conmigo: «Si a cuatro le quitas dos».

Ahora sí me mira. Ha dejado los papeles sobre la mesa.

Parece enfadada de nuevo.

Repito sus palabras y termino la resta siguiendo sus pasos.

Vuelvo a mi mesa y compruebo que la resta que yo hice es correcta. Aunque no la hice como ella quería.

Pero algo he debido de hacer mal, porque me ha corregido todo lo que he hecho.

Mira que pensaba que se me daban bien.

Bueno, la clase ya ha terminado.

Al menos, podré acercarme a hablar con Jaime.

¿Habrá visto ya la peli?

Martes, 17 de diciembre de 1985
9:03 a. m.

Ya estamos en clase.

Como llueve a cántaros, nos han dejado entrar directos a la clase, sin esperar la fila.

Perfecto, porque así puedo comentarle a Jaime lo que me dijo ayer Antonio, el portero de mi abuela.

Mira que es majete el tío.

—¡Jaime!

—Buenas, Charlie.

Jaime es de poco hablar por las mañanas. En su casa le dejan ver la televisión hasta tarde y me da que ayer se quedó viendo el concurso de TVE1 *Si lo sé, no vengo.*[6]

---

[6] El programa *Si lo sé, no vengo* fue un programa de tipo concurso emitido por Televisión Española (TVE1) los jueves por la noche, aunque poste-

—Tío, ayer Antonio, el portero, me explicó lo de las millas.

—¿En serio? ¿Y qué te dijo?

—Me enseñó a calcularlo bien. Me contó que una milla es un kilómetro y un poco más de su mitad. De modo que podemos calcular cuántos kilómetros por hora necesitamos. ¿Qué te parece? —pregunto con la sensación de haber realizado mi cometido a la perfección.

¡La misión está cumplida!

—Vamos, que el día se presenta gris. ¿Nos sentamos ya?

La profesora Paloma acaba de entrar, directa a su mesa.

Deja sus cosas como siempre. Las deja caer sobre la mesa como si pesasen una tonelada y a copiar la fecha.

Mira que tiene una letra perfecta.

—Venga, tío, luego en el recreo lo hacemos.

Jaime parece haberse despertado de repente.

—Yo me encargo de llevar una hoja, el lápiz y la goma.

—Genial, sí.

Nos sentamos rápido cada uno en su mesa, porque la señorita Paloma nos está mirando fijamente.

No mola nada cuando hace eso.

9:11 a.m.

Ya tenemos la fecha en nuestro cuaderno.

Hoy me salió bastante bien, ¿quizá hoy sí me gane un punto por la limpieza?

¿Por fin?

La clase de hoy va a ser de problemas.

Normalmente, estas clases no son muy divertidas, pero a mí me parecen un auténtico desafío, ya que eso de tener que descu-

---

riormente pasó a ser los domingos por la tarde. Su presentador fue Jordi Hurtado. Se emitió entre los años 1985 y 1988.

brir la solución de un problema me hace pensar en ser ingenieros de verdad y buscar cómo hacer las cosas fantásticas que veo en las pelis.

¿Cómo hacer volar un coche?

¿Cómo construir un libro que sus páginas sean como un cine, en el que las fotos se muevan y te cuenten las cosas?

¿Cómo diseñar cámaras de fotos superpequeñas, como las de los espías de las películas, pero para poder hacer fotos sin carrete?

¿Te imaginas?

Me estoy distrayendo mucho.

Vuelvo a la clase.

La señorita Paloma está contando algo de un problema.

Ya ha contestado Beatriz.

Es de las buenas, seguro que lo ha hecho bien.

A ver que empieza con otro y ahora sí que me entero.

—Veamos, chicos, la señora Carmen ha ido a comprar con un billete de cinco mil pesetas[7] al mercado del barrio donde vive y ha comprado manzanas por quinientas pesetas, unas mandarinas por cuatrocientas cincuenta pesetas y varias cosas más en la pescadería por dos mil quinientas pesetas. ¿Cuánto dinero tiene la señora Carmen en su monedero después de hacer la compra?

La señorita lanza la pregunta y puedo ver cómo hay algunos de clase que automáticamente bajan la cabeza, como los avestruces africanos que aparecen en las revistas que mi padre tiene en casa y que me encanta ver por las tardes.

Otros miran a Beatriz, a Jaime o a mí, que somos los que siempre queremos contestar.

Creo que voy a levantar la mano.

—A ver, Carlos, ¿ya lo has pensado?

---

[7]   La peseta era la moneda que circulaba por España en aquel momento, desde el año 1868 hasta el 1 de enero de 1999, cuando entró en funcionamiento el euro.

—Sí, seño.

—A ver, ¿cuánto dinero tiene en el monedero?

Lo he pensado y lo tengo claro. He pensado en lo que mi madre tiene y hace cuando va a comprar esas mismas cosas.

—Tiene por lo menos dos mil pesetas, profe.

—¿Cómo dices?

No ha debido de oírme. Se lo repito:

—Tiene al menos dos mil pesetas.

—No. Está mal, Carlos. ¿Por qué dices eso?, ¿no sabes calcularlo?

Yo creo que no está mal, así que voy a explicárselo para que me entienda.

—Si lleva un billete de 5000 pesetas, pagará con ese billete. Si junto todo lo que compra, puedo ver que se gasta 3450 pesetas. Pero seguro que en el monedero lleva más monedas, porque mi madre siempre lleva suelto por si acaso. Siempre lleva una de 200 pesetas y dos o tres de 100 pesetas y de...

—Pero ¡¡¡vamos a ver, Carlos!!!

No entiendo por qué me tiene que gritar así.

¿No se trata de resolver lo que nos cuenta?

¿Si no me deja explicar lo que pensé?

—¡No puedes decir eso! ¡No puedes inventártelo, porque está mal!

—Pero mi madre y mi abuela llevan siempre eso. Incluso mi abuelo en su monedero igual lleva un montón de monedas por si acaso.

—¡Dios mío! ¡Este niño me saca de mis casillas!

Está verdaderamente enfadada, porque se lleva las manos a la cabeza.

Se acerca a la pizarra para hacer las operaciones que yo hice con la mente.

Y nos da el mismo resultado.

—¿Ahora lo entiendes, Carlitos?

Bueno, cuando me llama así tenemos problemas. Así que ¡cuidado!

Me da que hoy no me llevo buena nota ni haciendo la fecha perfecta, igual que ella.

—Pero, seño, ¿si en el monedero lleva más monedas? No puede tener mil quinientas cincuenta pelas. Tendrá más, ¿no?

—Ay, Señor, ¡qué cruz! Pero ¡si no lleva más monedas ni nada más!

—Si no lleva nada más, le sobran mil quinientas cincuenta pesetas, seño, pero yo creo que una mamá lleva siempre más.

—¡Pues deja de creer cosas que no debes! ¡Qué estás todo el día igual!

Estas cosas no las entiendo.

Si quiere que le ayude a resolver un problema, ¿por qué no me cuenta que no lleva más monedas en el monedero y terminamos antes?

Así siempre contestaremos mal.

¿Y si llevase algún billete más?

Mi padre, cuando le veo pagar, siempre lleva alguno de mil o de dos mil pesetas.

—¿Ya te ha quedado claro, Carlitos, o te lo tengo que volver a explicar?

Contesto para evitar un castigo sin recreo seguro.

El recreo de hoy es importante, que he quedado con Jaime.

—Sí, señorita Paloma.

Pero sigo pensando que no puede ser así.

9:35 a.m.

La clase sigue con normalidad.

La profesora nos lee los problemas de su libro y nosotros damos las soluciones.

Yo ya no levanto más la mano hoy, porque seguro que termino castigado.

La levanté con otro problema y terminó poniéndome un cero.

Superinjusto.

—Que sepa usted, señor Carlitos, que tiene un cero por decir todas las tonterías que se le pasan por la cabeza para molestar y estropear la clase.

Pero sigo pensando en las soluciones de cada problema que nos dice.

En alguno me equivoco.

Creo que quien escribió el libro de problemas de la señorita Paloma no prestó algunas veces demasiada atención.

Yo diría que tiene cosas mal.

Pero mejor no decir nada.

No entiendo el porqué, pero a la profesora no le gusta cuando le digo las cosas que pienso o como las imagino.

No sé.

Mejor dejar pasar la clase y bajarnos al patio.

¡Que no se me olvide el lápiz y el cuaderno!

¡Que vamos a calcular los kilómetros!

Es algo tan grande la imaginación, tan hermoso que los mayores esfuerzos del docente, los esfuerzos de las organizaciones y de todo aquello que rodea al niño debería reforzar este aspecto. Generar mentes creativas será la diferencia entre la civilización presente y la civilización del futuro.

Son tantos los impulsos y los estímulos que la sociedad y el mundo en el que vivimos le hacen llegar al niño que aquellos brotes tiernos que suponen la imaginación y la creatividad se ven ahogados, minimizados y, en muchas ocasiones, menospreciados. Desaparecen.

Son un génesis para grandes ideas. Proyectos de una inmensidad titánica, muchas veces utópicos, sí, pero en su mayoría serán inicio y germen para una vida, para un futuro prometedor, sea cual sea este. Las horas que pasamos frente a una pantalla de ordenador, al teléfono móvil o *tablet* terminan pasando factura. Producen un desarrollo muy inferior de la materia blanca de los cerebros de los niños, donde reside el lenguaje y algunas otras habilidades de alfabetización, algunos procesos de control mental o la autorregulación. Pero no solamente son estos dispositivos, que la ciencia y la medicina moderna se han encargado ya de explicarnos y cuáles son los momentos o los usos que de ellos deberían hacer nuestros niños.

Somos nosotros quienes en ocasiones coartamos la idea y el mismo pensamiento. Quienes entorpecemos el desarrollo mismo de la capacidad creativa del menor.

Son múltiples las ocasiones en las que la imaginación y la creatividad de los alumnos se traducen como una molestia. En cierto modo, es cierto que es incómoda. Claro que sí. Pero por el simple hecho de causar un efecto de cambio, necesario en la metodología, que hace tambalear el organigrama establecido de las sesiones, de las mismas áreas o incluso de los propios centros. Despegarnos de la mesa es incómodo.

Si nuestro objetivo es el de sacar de cada uno de nuestros alumnos lo mejor de sí mismos su mejor versión, no podemos menospreciar aquellas aportaciones que —evidentemente de forma respetuosa y ordenada— nos ofrezcan. Sus ideas, al igual que sus palabras, son y deberían ser siempre las más relevantes. Generar capacidad o competencia de diálogo sin dialogar será imposible. Propiciar capacidades de pensamiento lógico, creativo y crítico sin permitir expresar las propias ideas libremente será difícil.

Al igual que el doctor Emmett L. Brown, Doc, permite no solamente colaborar, sino participar a Marty McFly en todas sus ideas, por locas que estas parezcan, en la película que tanto marcó a Carlos y a su amigo Jaime en el mes de diciembre de aquel 1985 y que les llevó a interesarse por contenidos que seguro andaban fuera del programa estipulado y predefinido para sus mentes, tenemos en nuestras manos no solo permitir estas ideas, sino el ofrecer, generar e incentivar todas aquellas que podamos. ¿Quién sabe si en un futuro los coches volarán como consecuencia de esto? ¿Qué sucede cuando la imaginación se convierte en un problema para los adultos, los docentes? ¿Será que no quieren o que no pueden seguir el ritmo del niño? ¿Cómo la creatividad, la imaginación, la búsqueda de conocimiento se traducen en una molestia para el maestro e incluso al resto de los alumnos?

Capítulo VI

Indudablemente,
una parte de la función de la educación
consiste en ayudarnos a escapar,
no del tiempo que nos toca vivir,
pues estamos atrapados en él,
sino de las limitaciones emocionales e intelectuales
de nuestro tiempo.

THOMAS STEARNS ELIOT

El sistema educativo nos define como objetivo fundamental el de conseguir que el alumnado se desarrolle en su versión íntegra, como personas de valor para la sociedad. En el mundo docente, surgen las denominadas competencias o competencias clave —actualmente me refiero, o al menos, hasta el próximo cambio legislativo—. Estas son entendidas como las capacidades que nuestros alumnos han de lograr con un carácter marcadamente práctico y que no busca otra cuestión más que la de conseguir determinados certificados de profesionalidad.

Si las analizamos, no encontraríamos demasiados problemas ni opiniones en contra, ya que las veremos positivas como parte del desarrollo personal, social y profesional de los alumnos. En realidad, no son sino una mezcla de habilidades prácticas, una serie de conocimientos y capacidades personales, así como valores éticos o aspectos relacionados con lo social y cultural.

Competencia digital, competencia matemática y competencia básica en ciencia y tecnología, aprender a aprender, competencia en ciencias sociales y cívicas, competencia en sentido de iniciativa y espíritu emprendedor, competencia de conciencia y expresiones culturales y, por último, competencia en comunicación lingüística son las llamadas siete competencias clave que aparecen en nuestra legislación y que de forma prescriptiva se debe procurar de forma permanente, o al menos por el momento.

Pero la realidad en la que vivimos nos muestra una imagen radicalmente distinta. Algunos estudios recientes indican que una gran parte de nuestros niños y adolescentes pasan hasta cinco horas diarias frente a ordenadores, *tablets* y *smartphones*. Que, sí es cierto, facilitan, o al menos agilizan, el acceso a la información, pero también provocan una pérdida gradual de determinadas habilidades, de las llamadas ejecutivas, situadas en los prefrontales del cerebro, como son la planificación, la organización o la toma de decisiones. Básicamente, pierden el control sobre determinados impulsos al tiempo que la persistencia en la lucha por conseguir objetivos.

Cada día que pasa sentimos que son menos autónomos, pero con grandes capacidades de comunicación y conexión con el mundo, sin apenas filtro. La falta de criterio, la indecisión permanente, surge como una pandemia dentro de los centros educativos y fuera de ellos en las mismas familias, propiciando una sensación de indiferencia por el aprendizaje.

Generamos un sistema de reglas y normas, estrictas en muchos casos, que impiden que los alumnos puedan correr riesgos, puedan expresar de viva voz aquellas ideas que nacen irremediablemente de sus inmensas mentes. Quedan anuladas antes siquiera de haber podido ser planteadas por sus bocas.

Mireia es una chica normal, del sur de la Comunidad de Madrid. Es buena estudiante y sus resultados, como de costumbre, son bastante buenos. Nada apunta a que suponga un problema el decidir qué camino tomar en un futuro. Tiene, como todos, sus ideas más o menos claras. Todo lo claras que se pueden tener a los trece años, al menos. Su familia, trabajadora, le ha enseñado que el esfuerzo y el sacrificio junto con la felicidad y la diversión son los elementos clave para ser alguien y triunfar. Para disfrutar de verdad de la vida. Que ser un triunfador no es ser millonario. Eso no está al alcance de la mano, a no ser que te toque la lotería, claro.

Triunfar es ser feliz, estar rodeado de las personas a las que hacen sentirse de ese modo y que te hacen sentirlo a ti. Realmente, no han tenido sesiones de *coaching* para alentarla y que Mireia tome las decisiones correctas —en 1996 aún no están de moda—. Simplemente, han sido así. Han predicado con el ejemplo. Normas claras, pero mente infinita. Mireia ha sido libre para generar sus intereses, para establecer un objetivo tras otro y ha descubierto desde hace un tiempo que los objetivos si te los trabajas llegas a conseguirlos. Y que de no ser así hay que trabajar más y seguir hasta conseguirlo. Que no todo lo que se sueña es posible —su abuelo decía que de poder convertir en realidad todos tus sueños te quedarías sin ellos—. La gran diferencia radica en la capacidad del esfuerzo por conseguir, por hacer todo lo humanamente posible en pos de hacer real lo que por el momento no lo es.

Lo que sí han intentado inculcar en la vida de Mireia es que jamás se debe pasar por encima de los demás. Por la experiencia de sus padres, han llegado a sufrir en diversas ocasiones situaciones en las que por no pisar al compañero han sido peor vistos dentro de su ámbito laboral, incluso llegando a ser menospreciados o menos valorados en su entorno. Estos momentos han sido claves para determinar la necesidad de inculcar en sus hijas —Mireia tiene dos hermanas pequeñas— esa idea.

Como consecuencia, han generado un estilo educativo en el que se permite correr riesgos. Un modelo en el que los adultos permiten la toma de decisiones bajo la premisa de «si se tiene miedo al fracaso, como mucho, podremos llegar al fracaso», pero jamás a ningún éxito.

Será por medio de la toma de decisiones, del riesgo a intentar aquello que se desconoce si se es capaz o no o incluso de si es posible o no en la vida real, por lo que se alcanzarán los diferentes hitos no solo en la construcción de un futuro laboral —aquella certificación laboral de la que hablábamos anteriormente—, sino de esa felicidad que aporta el sentirse eficaz, sentirse y valorarse como persona y no sobre o entre las personas. Eso significaría estar por encima del resto. Se trata, pues, de siempre estar junto al resto. Se trata de convertirse en una persona única y especial.

Esta forma de pensar no es muy normal en la década de los noventa, pues se está viviendo una situación relativamente delicada, sobre todo en determinadas zonas de la capital, en las que aumenta el índice de delincuencia, normalmente con delitos menores, entre la población más joven. Se desarrollan cambios legislativos al respecto, por lo que se endurecen las medidas judiciales sobre los menores, hablándose de penas de veinticuatro meses de reclusión para los menores de catorce años e incluso de cinco años para los jóvenes de edades comprendidas entre los dieciséis y los diecisiete años. Esta situación, que es conocida por todos, asusta a los padres de Mireia, claro que sí; pero tienen muy claro que esta debe ser la forma por la que sus hijas han de conseguir determinar sus propias metas y luego, claro está, luchar por conseguirlas.

El maestro de Matemáticas de Mireia se llamaba Jesús y tenía fama de ser muy estricto, pero de lograr los mejores resultados entre sus alumnos. Era uno de esos a los que todos temen. De esos sobre los que todos cuentan historias, algunas más interesantes que otras, pero que todos recuerdan e incluso añoran cuando pasan al instituto. Mireia era una niña de las más bajas de estatura; de las que, en ocasiones, si no les prestas atención, pasan desapercibidas por su buen comportamiento; pero de las que, sin duda, encierran dentro de sí una fuerza sobrehumana. De esas personas que cuando se abren lo más mínimo inundan la estancia de energía y de luz.

Jueves, 15 de febrero de 1996
10:32 a. m.

Ya tengo preparado el libro del cuaderno para la clase de Mates con Jesús.

En cuanto termine, agarro el bocadillo y me voy a buscar a Rebeca para que me cuente lo de Mario, que ayer no me dejó mi madre llamarla a casa y quiero que me cuente qué tal.

Qué raro, Jesús se retrasa.

Me giro a ver qué se cuentan las chicas de clase, que luego no me entero.

Ya ha entrado en clase Jesús.

Los chicos, como siempre, no se sientan y siguen a sus historias.

Parece mentira que no sepan que si se mosquea lo pagamos todos.

Es raro, pero Jesús no les ha dicho nada.

Según ha entrado, ha dejado sobre la mesa la mochila y se ha girado a la pizarra a escribir.

Esto suena a que por su culpa nos va a tener haciendo ejercicios sin parar.

Se gira ya.

No sé qué pasa.

—Veamos, amigos, aquí tenéis algo para resolver. —Parece que ha escrito algo raro en la pizarra—. Se trata de una ecuación. En este momento, todo el mundo ha de averiguar cómo resolverlo. ¡Vamos, manos a la obra!

Pero ¿qué es esto?

Está claro que hay que hacerlo y aquí todo el mundo está, o mirándose, o hablando por lo bajini, y eso termina mal siempre.

A ver...

De todo lo que aparece aquí, reconozco todos los números, menos una letra.

¿Por qué hay una X en esta operación?

No tiene sentido esto.

Mira a Jaime, que ya está haciendo el tonto. Al final, se va a enfadar Jesús y la vamos a liar todos.

Venga, Mireia, tú puedes.

10:42 a. m.

Creo que ya sé qué hay que hacer.

La X es lo que marca el lugar del número que debo averiguar. Es como los ejercicios que nos hacía Marisa en 2.º de primaria para calcular mentalmente sumas y restas, pero en esta ocasión con más operaciones todas juntas.

¡Eso es!

¡Hay que averiguar lo que va en el lugar de la X!

Jesús ya se ha levantado dos veces y se ha ido donde están Jaime, Moha y Alberto. La van a liar otra vez.

10:47 a. m.

Ya lo tengo.

Levanto la mano y le digo que ya lo tengo, va.

—Señorita Mireia, dígame.

—Creo que ya lo tengo, Jesús.

No sé si me cree, pero se aleja y vuelve a su asiento. Si se sienta, no sé si es buena o mala señal.

—Perfecto, Mireia, ¿cuál es el resultado?

Voy a mirar mi cuaderno por si me equivoco, que ya alguna vez me ha pasado eso de hacer bien un problema y, por los nervios, decir mal lo que tenía bien en el cuaderno y luego no te creen.

—¡El resultado es veinticuatro!

—¿Y nada más? ¿Así desde su mesa?

¿Cómo que desde mi mesa? No entiendo nada, pero me empiezo a morir de vergüenza. Que a mí estas cosas no me gustan un pelo.

—¡Una pena, no me sirve!

Pero ¿cómo no le va a servir si es correcto? Si hasta lo he comprobado dos veces y sale.

Se lo voy a decir, lo mismo como estos están armando jaleo, no me ha entendido bien y se ha confundido.

—Pero si está bien, profe.

—Es cierto, Mireia, pero no me sirve. Así desde su mesa no me sirve de nada. No es como yo lo quiero.

No entiendo nada.

¿Cómo me puede decir que no le sirve si está bien?

Ya no le digo nada más.

Como me haya cogido manía, me muero.

10:58 a. m.

—Señorita Mireia, ¿piensa quedarse ahí sentada sin hacer nada más?

Me ha cogido manía, seguro. Ya la hemos liado.

Pero si yo no he hecho nada.

Todo el mundo me está mirando y, encima, parece que es el momento perfecto para que todos se callen.

¡No quiero esto!

—¿Mireia?

¡Vale, vale! Me levanto y me acerco.

¿En serio todos os tenéis que callar ahora?

—¿Cuál decía usted que era el resultado?

Estoy segura de que era veinticuatro, pero me he dejado el cuaderno en la mesa y paso de volver hasta allí.

Me muero de vergüenza.

¿Por qué no podré hacerme invisible?

Esto me pasa por hablar.

—¿Que cuál decía usted que era el resultado, Mireia?

—Yo decía que veinticuatro, pero no está bien.

—¿Quién le ha dicho que no estaba bien?

La estamos liando, porque está poniendo una cara rara.

No quiero contestar, pero si no lo hago es peor, seguro.

¡Quiero desaparecer, por favor!

—Usted.

Creo que hasta he cerrado los ojos, porque lo mismo se levanta y me arranca la cabeza.

—Yo no le he dicho tal cosa, señorita. Le dije que era cierto que fuese correcto, pero que así no me servía. ¿Lo recuerda usted?

Ahora mismo no recuerdo nada de nada.

¿Por qué todo el mundo sigue callado ahora?

Creo que si me pregunta el teléfono de casa o mi nombre completo no soy capaz de decirlos.

Vamos a decirle que sí.

—Sí.

—Y, entonces, ¿quién le ha dicho que está mal?

Me da que es una trampa y me quiere pillar.

—Mireia, necesito que hable conmigo, porque, si no, no puedo entenderla.

Venga, de perdidos al río.

—Es que me has dicho que no te valía así. Pero yo sé que está bien.

—Bien, me alegro de eso. Gracias por contestarme. Pero lo que necesito es que me explique cómo lo ha hecho. Esa es la parte que me interesa. ¿Sabría explicármelo?

Ahora mismo no sé bien qué hacer.

Tengo el cuaderno en la mesa, pero no quiero moverme de aquí. No quiero que me miren más.

—Puedo intentarlo.

Me siento un poco más tranquila, pero creo que me siguen temblando las piernas.

—Eso me sirve. Dele.

¿Y señala a la pizarra? De verdad, quiere que escriba en la pizarra.

Eso quiere decir que lo haga.

Pero si me tiemblan las piernas y no quiero decir las manos. Estoy para enhebrar agujas, como dice mi abuela.

Venga, vamos. Si me concentro, no pienso en lo mucho que me tiembla todo y el tomate cherri que debo de parecer seguro de lo roja que me pongo, lo hago como en el cuaderno.

Vamos a ver...

11:07 a.m.

Lo bueno que tiene Jesús es que te deja explicarte y parece que te escucha con atención. Incluso cuando los chicos han vuelto a empezar a molestar de nuevo.

Ya podrían haber montado el pollo de siempre hace unos minutos y así me libraba.

Mira que son plastas.

Bueno, creo que ya lo tengo.

Me giro con cuidado, que con tanta concentración he perdido de vista al profe y lo mismo lo tengo justo detrás y me muero del susto.

—¿Ya lo tenemos, Mireia?

Menos mal que seguía sentado. Eso sí, estaba bien atento a todo lo que iba haciendo en la pizarra.

Se endereza sobre la silla.

Junta la palma de las manos y las puntas de los dedos.

Se apoya los índices sobre la boca.

Esto no sé si tiene buena pinta.

—¿Mireia?

—¡Sí!, ¡sí!

Me quedé embobada y no contesté. Fallo mío.

—Bueno, creo que tiene un argumento de peso para darme esta respuesta. Según usted, el valor de X es veinticuatro y lo ha razonado relativamente bien. Gracias, puede sentarse.

¿Ya está?

¿Eso es todo?

No importa, vamos a sentarnos rapidito, que lo he pasado fatal.

Pero después de lo que me ha hecho pasar ya me podría haber dicho algo más o, al menos, ponerme un positivo.

Venga, volvemos a la normalidad: los chicos montando su jaleo y Jesús explicando lo que se supone que es una ecuación de primer grado.

Jueves, 29 de febrero de 1996
10:31 a. m.

Ya está por aquí Jesús.

A ver si tenemos suerte y trae los exámenes de la semana pasada, que tengo ganas de ver mi nota.

Seguro que es una notaza, porque lo bordé.

—Buenos días, amigos. Nos vamos sentando, por favor, que ya es hora.

A ver si hay suerte y los trae.

—Hoy no sacaremos el libro, que vamos a revisar los exámenes de la semana pasada, ¿de acuerdo?

¡Toma ya!

Hoy los chicos y un par de chicas están especialmente nerviosos. No creo que sea por el examen, porque siempre les da igual.

Algo pasó en el frutos secos[8] ayer y trae cola, pero no sé qué es. Seguro que Rebe lo sabe y luego me lo cuenta.

10:37 a. m.

Ya ha regañado tres veces al grupito de siempre. Preto parece que me toca a mí ya en el reparto de exámenes.

A ver qué tal.

¡No me puedo creer que tenga un 9.5!

Pero ¡si lo tengo todo perfecto!

—Muy bien, chicos, vamos a ver qué ha pasado con las ecuaciones.

Sigo sin creérmelo.

Por más que busco, no veo nada por lo que me baje medio punto: nombre perfecto, limpieza, los números se entienden genial y, por supuesto, los resultados son correctos.

Esto es de 10, no de 9.5.

—Mohamed, creo que va a ser necesario que su madre vuelva a hablar conmigo, ya que no ha surtido efecto la última conversación que tuvimos. ¿Recuerda?

Debería preguntarle el porqué del 9.5.

No es justo.

Pero justo ahora está echándole la bronca a Moha.

De verdad, siempre pasa lo mismo con estos.

Pero si le pregunto ahora lo mismo me como la bronca yo.

Qué vergüenza.

---

[8] Ahora los alumnos dirían el chino. Las tiendas de frutos secos se popularizaron en la década de los noventa por ser el lugar al que toda la juventud iba a comprar toda clase de patatas, frutos secos (lógicamente) y chucherías, además de ser el lugar en el que habitualmente se quedaba por las tardes. Todo barrio tenía un frutos secos y, si había suerte, estaba bien cerca del colegio o del instituto para poder ir a comprar guarrerías al mínimo hueco libre.

Qué mal.

—¿Nadie más tiene ningún comentario o pregunta sobre el examen?

¿Por qué justo cuando dice eso me mira a mí?

Noto que me estoy volviendo a convertir en un tomate.

Otra vez no.

10:43 a. m.

Un 9.5 no está tan mal, al final.

Si lo piensas, en el fondo es superbuena nota. Aunque no es la que me merezco.

Bueno, al menos, ya pasó esto de reclamar, que lo llevo fatal.

Que no se me olvide ahora en el recreo que Rebe me cuente lo de ayer, que al final no me entero y no sé si mi madre me dejará llamarla luego por la tarde a casa.

Viernes, 10 de marzo de 1996
1:46 p. m.

La clase de hoy está siendo tremenda.

Bueno, la semana, realmente. Parece que todo el mundo está histérico.

Jesús ya ha avisado un par de veces que el comportamiento no está siendo correcto y eso no suele terminar bien.

Hasta Emilia, la de Plástica, que nunca dice nada, creo que se fue llorando el martes pasado.

Los de siempre están supermolestones y lo malo es que desde que nos cambiaron de sitio los tengo justo pegados.

Menudo aburrimiento de gente; se están pasando ya demasiado.

—Se me está acabando la paciencia, amigos. Todo tiene un límite y ustedes hoy lo están alcanzando, cosa que no me gusta nada.

Madre mía, la que se va a liar como no paren de una vez.

Los miro lo peor que puedo para ver si se enteran de que tienen que parar.

Jesús pasa por mi lado y oigo su respiración.

Siempre hace eso cuando algo no le gusta de verdad, o eso creo.

Me giro para decirle a Moha en bajito que pare de una vez.

—Tío, para ya, que no tiene gracia y nos vas a fastidiar bien a todos.

Fernando, que está a su lado y creo que es hasta peor, se me pone a hacer burla. Pero ¿qué le pasa a este tío?

—¡Pírate, niña!

No me lo creo. Encima, me suelta esto.

—Bien. Se acabó, pues. Los del grupito de la derecha os quedaréis a la salida conmigo. Ya os avisé demasiadas veces y esto no puede seguir así. Os habéis buscado un problema, amigos.

—Pero, profe.

—Sí, hombre.

—Pues yo me tengo que ir, así que paso.

Sabía que esto iba a pasar, yo estoy en ese grupo.

Pero ¿por qué tengo que estar en este grupo?

¿Por qué no lo dije cuando nos cambiaron?

Y ahora me tengo que quedar si no he hecho nada.

1:57 p. m.

Los compañeros ya han salido, todos menos los cuatro que formamos del grupo.

El profesor Jesús los ha acompañado hasta el final del pasillo, lo sé porque le he visto hablar con Mercedes, la de Inglés. Seguro que ella acompaña hasta la salida al resto y él vuelve a clase.

Seguro que está supermosqueado.

Madre mía, ¡estamos castigados por Jesús!

¡Qué mal!

¿Y ahora qué hago?

2:02 p. m.

Jesús se acerca por el pasillo. Seguro que ha ido a avisar al director.

Se me va a caer el pelo.

Madre mía, ¡mi padre me mata!

—Bueno, el resto de los compañeros ya están volviendo a sus casas tranquilos; que es lo que ustedes deberían estar haciendo.

Yo solo quiero irme a casa.

Jesús no se sienta en la silla y se apoya en la mesa con los brazos cruzados.

Tiene una cara de enfado que alucinas, pero lo que es peor, de disgusto.

Disgusto se van a llevar en casa, ¡ay, madre!

—Acérquense inmediatamente en silencio.

Me levanto y me acerco.

Los demás lo hacen a regañadientes, incluso se están medio riendo. Yo alucino con esta gente.

Estoy como un flan. Creo que no me encuentro bien.

Pero si yo no he hecho nada.

Se lo voy a decir..., si me salen las palabras, claro.

—Jesús, ¿yo por qué me quedo si no he hecho nada?

Ya está, lo dije.

Ahora me mira y ladea la cabeza. Ay...

—¿Y por qué estás tan roja y nerviosa?

—Porque puedes pensar que yo he sido, pero no he sido, ¡de verdad!

—Entonces, pequeña, si no has sido tú, no entiendo por qué te pones tan roja y nerviosa.

¡Ostras!

Tiene razón.

—¿Crees que debes defenderte de algo que no has hecho?

Me mira fijamente, pero no tiene esa cara de enfado de antes.

—Creo que no.

—Bien, Mireia. Ahora veremos si tú sacas tu lección de una vez por todas. Si no has hecho nada malo, no sientas que lo has hecho. —Flipo en colores—. Si crees que no te has equivocado en nada en un examen, dilo. Yo sí me puedo equivocar, pero no me convierto en un..., ¿cómo era? Ah, ¡sí! Tomate cherri.

¿Cómo sabe eso?

¿Tanto se me nota?

Creo que tengo la boca abierta de más.

¿Por qué me habla del examen?

—Por favor, márchate a casa y que sea la última vez que no dices lo que debes decir en el momento que necesitas decirlo. Si estás aquí es porque precisamente no has hecho lo que debías.

—Vale, gracias, Jesús.

—Hasta el lunes, Mireia. Ahora vosotros tres tenéis un serio problema.

Me giro y me voy sin mirar atrás.

¿De verdad me ha dicho lo que me ha dicho?

¿Y si ha hablado con mi padre? Siempre me dice lo mismo.

Quizá tenga que trabajar esto un pelín. Esta tarde tengo que llamar obligatoriamente a Rebeca.

Si de verdad tenemos como objetivo conseguir que todos nuestros alumnos alcancen ese nivel de competencia, ese nivel se establece de una forma ajena a su realidad.

Porque muchas de las expectativas que gestionamos para su vida son, realmente, lo más alejado y distante que podamos encontrar si en verdad analizamos lo que estamos consiguiendo en muchos casos.

Si analizamos la autonomía de nuestros niños, pero la autonomía real, esa que determina su comportamiento, podemos encontrar con que en gran número de ocasiones carecen de esa autonomía. Los preparamos para saber y no para ser.

Saben utilizar perfectamente herramientas que nosotros alcanzamos un nivel competencia óptimo con unas cuantas décadas a nuestras espaldas; saben buscar y, por lo tanto, encontrar toda la información que se necesita para lo que sea de una forma casi inmediata. Ojo, que cuando esto no funciona de forma instantánea la inmensa mayoría, o bien desiste y abandona, o bien termina con una rapidez, quizá preocupante, en otros temas de menor profundidad intelectual, pero de mayor interés social. De ahí la relevancia de las redes sociales, según muchos autores.

Será necesario, por lo tanto, generar en ellos la necesidad de ser seres independientes no por falta de protección, sino por la necesidad de transitar libremente por las calles de camino a la escuela. Aquí autores como Francesco Tonucci nos explican la sintomatología de la sociedad en cuanto a estos y otros aspectos muy importantes.

Estamos viendo poco a poco la realidad de personas accediendo a estudios universitarios acompañados de padres, no solo a la matriculación como alumnos, no por el hecho de acompañar y apoyar emocionalmente, o del sentir el orgullo del crecimiento y el logro de un hito, por parte de sus hijos, sino de la necesidad de comprobación de que todo es como debe ser. Que nadie acose, que nadie engañe, que nadie haga nada que pueda afectar a nuestros pequeños. No tanto por el posible riesgo de abuso sobre ellos, sino por el hecho en sí de no ser capaces, de no ser competentes.

Yo como padre no quiero ningún mal para mis hijos ni para los de los demás. Como maestro, por ende, tampoco lo quiero para mis alumnos, con los que paso el mismo o más tiempo que con mis hijos.

Es necesario que los niños se hagan heridas en las rodillas —esperando que no sean profundas, claro está— y que estas generen costras, porque ahí reside la capacitación para ellos. Es más que necesario que aprendan a levantarse cuando caen. Sin error no hay aprendizaje. Estas palabras las llevo muy cerca, los que me conocen bien lo saben, y me reitero parafraseando al mundo del cómic —pido disculpas por ello—, pero es al joven Bruce Wayne, quien en un futuro se convertirá en el mismo Batman, al que cuando sintiéndose tremendamente torpe por haber caído es la persona quien hace la función de padre y madre —murieron en un atraco— al mismo tiempo que mentor en todos los aspectos que ayudarán a conformar el futuro del personaje quien le dice las mismas palabras que su padre le decía: «¿Por qué nos caemos, Bruce? Para aprender a levantarnos».

Debemos ser, pues, adultos que permitamos correr riesgos a nuestros hijos, alumnos, para que puedan crecer. Debemos procurar su capacitación en la gestión de emociones, no tanto enseñar a defenderse frente al aplastamiento por las mismas. Es nuestro deber el de acompañarlos de verdad de la mano siempre que sea necesario, pero soltándoles cada vez más rato. Más y más tiempo para que sean ellos quienes den los pasos de su propio andar. Aprendiendo de las caídas, de las heridas y de las costras. Que duelen, escuecen y hasta molestan durante días, pero que siempre terminan sanando y ayudando a no caer de nuevo, al menos, en la misma piedra. Eso sí, sabiendo levantarse, incluso cuando no hay mano a la que aferrarse, ya que si los seguimos sustentando esos pasos serán siempre los nuestros y nunca los suyos.

El sentimiento de orgullo sobre nuestros hijos debe sustentarse en la seguridad de que lo harán bien. Bien, no perfecto. Bien, no exactamente como lo hicimos nosotros o como creemos que es la mejor o única forma de hacer. Partiendo de la premisa de que el error y la equivocación son necesarios, por no decir fundamentales.

Busquemos que sean ellos quienes aprendan a reclamar de forma respetuosa sus calificaciones en los exámenes, que sean ellos quienes pidan explicaciones sobre lo que las necesitan. Que sean ellos quienes defiendan sus propios intereses, los suyos. Esos intereses, sin dudarlo un segundo, serán los nuestros por cercanía y simpatía.

Que sean ellos quienes decidan dejar de ser un tomate cherri para ser un sol o una luna única, llenos de magia y poder.

¿Por qué nos caemos? Para aprender a levantarnos.

Capítulo VII

La educación es algo admirable,
pero es bueno recordar de vez en cuando
que nada de lo que vale la pena saber
se puede enseñar.

Oscar Wilde

La evaluación. Se trata, sin duda, de una de las asignaturas pendientes para nuestra escuela. Sabemos que se trata de un proceso continuo y global, al menos así lo determina todo nuestro marco legislativo, en todos sus niveles de concreción.

El objetivo principal no es otro más que conocer el estado puntual del proceso de aprendizaje por parte de nuestros alumnos. Como hace tiempo traté de explicar en algún que otro foro, a modo de ejemplo utilicé el símil del cocinero. Este tiene un gran pavo, de una calidad exquisita. Dispone del mejor de los hornos y de todos aquellos aperos e ingredientes necesarios para asegurar un buen proceso y, por lo tanto, un resultado óptimo. Este cocinero introduce en el horno, precalentado a los 175 °C necesarios, el pavo tras haberle dejado durante tres o cuatro horas en el frigorífico, impregnándose de los aromas que le dan las hierbas aromáticas y especias, dándole la vuelta de vez en cuando.

Este cocinero, formado y experimentado, sabe perfectamente que debe dejar cocinar el alimento durante una hora y media, luego ha de sacarlo, envolverlo en papel de aluminio y volver a meterlo en el horno durante otra hora y media.

Este animal de siete u ocho kilos necesitará de algo más de tiempo en ocasiones para cocinarse entero y tener, por un lado, una atractiva y sugerente imagen al mismo tiempo que estar jugoso y tierno al paladar. No siempre se necesitará el mismo tiempo de cocinado y, por lo tanto, habrá que prestar mucha atención.

A este resultado lo llamaríamos evaluación final. Ese momento en que comprobamos si todo ha sido superado con éxito. Si se ha alcanzado ese nivel de atractivo visual, gusto al paladar y al olfato. Pero ¿y durante el proceso?

Ahí aparece el concepto de la evaluación continua. Entendido como aquellos momentos en los que el cocinero abre el horno para comprobar el estado de cocinado del pavo a fin de confirmar si lo que está haciendo es suficiente, es adecuado y el pavo sigue el plan fijado. En caso de necesitar más tiempo, de necesitar un aumento de la temperatura o, por qué no, de una reducción de esta a fin de conseguir el mejor pavo posible así lo hará.

Por otro lado, habrá que tener en cuenta aspectos que nada tienen que ver con el horno y el mismo pavo. El clima, la humedad o la misma pericia y paciencia del cocinero determinarán el resultado, pudiendo variarlo según estos se modifiquen o varíen.

Queda entendido ese proceso como una toma de información. Un momento en que medir cómo va la cosa. Siempre, eso sí, con una consecuente reacción, bien de continuar provocando, o bien de realizar aquellas modificaciones y alteraciones de la receta que sean necesarias para conseguir el propósito planteado. ¡El pavo perfecto!

Este es ese momento en que algún lector imaginará, de forma inevitable, a algún alumno sobre la bandeja del horno. ¡No, por favor!

Siempre hablamos de la personalización de ese proceso, dentro de la atención personalizada e individualizada —no entraré demasiado en este aspecto, ya que es cierto que existen otros temas que determinan que sea viable o no en la realidad de la escuela—. Lo que tenemos claro es que la motivación debe ser que nuestros alumnos alcancen los objetivos educativos que se establecen para sus diferentes etapas o los que nosotros mismos determinamos y definimos para cada uno de los niveles. Para cada uno de ellos como individuos.

Tras haber dicho esto, entendemos —y así lo explican todos los expertos en esta materia— que este proceso es útil para los alumnos, pero de una forma mucho mayor para los maestros. Se trata de asegurar y garantizar que se alcanzan —o superan— unos niveles comunes de capacidades, destrezas, competencias y conocimientos concretos. El problema viene cuando la realidad nos da de frente y embiste de forma dolorosa. Aquí es cuando viene el zarandeo.

La evaluación se convierte en un freno emocional, en muchos casos, para los alumnos que no ven resultados o, al menos, no los sienten como coherentes y, sobre todo, justos si los comparamos con el esfuerzo realizado. Sienten que por mucho que estudien, que se esfuercen, jamás superarán la prueba, jamás lo conseguirán. Como es razonable, pierden el interés y, lo que es peor, la fe en sí mismos, quedando marcados de por vida.

Lo malo es que la realidad nos dice que un gran número de docentes se sienten de igual forma. La evaluación se convierte en un verdadero sufrimiento. Interminables pilas de exámenes, montañas de pruebas, toneladas de fichas y cuadernos para corregir. Viven inmersos en un bucle infinito —al menos hasta finales de junio, ahí viene el respiro— y siempre con la sensación de no conseguir un guarismo que identifique de forma realista y veraz lo alcanzado por cada alumno.

Finalmente, se termina por realizar un modelo evaluativo sencillo, sin más complicaciones de las que tenemos en el día a día, cuyo éxito se mide cuantitativamente en exclusiva, sin lugar para las emociones. Parece que la finalidad es la de pasar al siguiente nivel o eso terminamos por creer. Entonces, ¿una etapa solo sirve para pasar a la siguiente?

Todo se reduce a una clasificación del alumnado, al igual que en las fábricas todos los productos se realizan con exactitud, se crean máquinas y herramientas, robots que revisan de forma exhaustiva, analizan y clasifican los productos. ¿No evaluaremos en determinadas ocasiones del mismo modo a nuestros alumnos? ¿No terminará esto siendo un «tú vales» o «tú no vales»? ¿No clasificamos sin desearlo a los alumnos?

Bilal tiene casi doce años y sigue en quinto curso de Educación Primaria. No se caracteriza por ser un gran estudiante. De hecho, siempre ha tenido y tendrá —lo tiene asumido ya— fama de mal alumno. Repitió en tercero porque no aprobó más que Educación Física, Música y Valores. Él de verdad lo intenta, pero no le es nada sencillo y su situación no le ayuda nada a estar centrado.

Vive en la Cañada Real Galiana, una población que se fue formando desde los años sesenta a partir de unas viviendas levantadas a las bravas. Una zona en la que quien se hacía con unas estacas y unos cables delimitaba una zona en mitad del campo. Si pasadas unas semanas nadie lo reclamaba, pasaba a ser suya, levantando como pudiesen una vivienda. Unas visiblemente dignas y otras por las que parece que la vida jamás pasa. Y eso pesa mucho.

Al igual que otros barrios nacidos de la misma manera fueron «legalizados», este no, quedando como el mayor asentamiento irregular de toda España. A menos de catorce kilómetros de la mismísima Puerta del Sol de Madrid. Actualmente, se habla de unos ocho mil habitantes, de los cuales aproximadamente dos mil quinientos son menores en edad escolar.

La casa de Bilal está fabricada de paneles de madera y algunos de chapa que ha ido encontrando su padre en el camino de vuelta a casa. Su calle no está asfaltada, lo que significa que cuando llueve el barro se transforma en fango y llega a colarse dentro de la casa y es imposible tener las cosas decentemente. El que la puerta sea una puerta vieja de obra que compró su padre a un chatarrero tampoco ayuda con el frío, que se cuela por todos lados. El autobús que los recoge todas las mañanas para a unos ciento cincuenta metros de su calle, porque si entra el conductor dice que se queda hundida la rueda y no sale de ahí ni con una grúa. De modo que al ir a la parada te llenas de barro y el mismo conductor que no quiere entrar se enfada a diario por dejarle al autobús sucio.

Desde hace unas semanas tienen problemas para disponer de luz y de agua. En pleno noviembre, ya el frío no se pasa con tres mantas, por lo que hacer frente a las actividades cotidianas sin luz, electricidad ni agua caliente empieza a ser realmente complicado. Sobre todo, en una época en la que la mayoría de las tareas del cole se cuelgan en un *drive* o en una nube para facilitar el acceso a los chicos; una época en que no les dejan sacar los libros del cole. Así que las licencias digitales también son para «facilitar» las cosas.

Bilal intenta hacer lo que le piden, pero no llega. Haga lo que haga, no llega. Si siempre le costó, ahora se le hace mucho más difícil. Es cierto que es muy gamberro y que si puede unirse a un buen cachondeo lo hará. Pero el resto del tiempo —el que no pasa haciendo el tonto, como le dice su profesora de Inglés bastante a menudo— lo pasa pensando en que tiene que volver a casa, que quiere volver a casa, pero empieza a no ser ya su casa. Mientras María Dolores, es la profesora de Inglés, Natural y Social —las áreas que se imparten en lengua inglesa—, sigue diciendo lo mismo, ya no solo en las juntas de evaluación, sino en el recreo, en el café, en clase: «Haga lo que haga, este chico será un suspenso tradicional en todas las bilingües».

Quizá en noviembre del 2020 no esté de moda el término «marginal» o no se tenga tiempo para mirar lo que el principito llama invisible a los ojos. Quizá por cada suspenso tradicional debería haber una evaluación que determine, definiese y modelase cómo hay que hacer para que alcance el objetivo marcado, entendido como aquello que necesita realmente ese alumno en ese momento determinado para su vida. La de verdad. La de Bilal.

Lunes, 16 de noviembre del 2020
9:01 a. m.

Acabamos de subir al autobús.
Menudo frío que hace aquí también.
No entiendo por qué hay tanta diferencia entre el autobús que nos ponen para venir al colegio y los que nos ponen cuando vamos de excursión a los teatros esos.

Este es una mierda.

—¡Vamos a llegar los primeros de la tarde, seño!

Me encanta decirle eso a Antonia, la mujer que cuida el autobús.

Los demás chicos del autobús me miran como si fuese un pro.

Esta mujer hay veces que es maja, pero últimamente no me gusta cómo me trata.

Venga a gritar y a gritar.

—Bilal, ¡siéntate bien y estate calladito, que estás más guapo!

Pero ¿por qué me tiene que decir a mí si todos van de pie, están gritando y yo soy el que va sentado?

No la soporto.

—¡Vamos, bonito de cara, no me mires así, que siempre sois los mismos!

—Pero ¡si yo estoy sentado, Antonia! ¡Joder, no se puede decir nada!

—¡Muy bien! Sí, señor, esa lengua. En cuanto lleguemos, hablo con Javier, el jefe de estudios, que seguro está deseando llamarte al despacho y ponerte un parte o algo peor.

Mierda, ya tengo el lío montado. Encima que llego tarde y he sido el que se ha sentado.

Esto me pasa por bocazas.

Mejor callarse y no decir nada. Total, me la voy a llevar igual.

Puñetero frío hace aquí.

9:21 a.m.

Acabamos de llegar al colegio.

Supertarde otra vez.

El conserje del cole nos abre la puerta porque todas estaban cerradas y todo el mundo está en clase.

Según nos abre, los pequeños salen corriendo como locos a clase.

A Mohamed le llevo yo de la mano, porque tiene cuatro años y hay que acompañarle a su clase.

El conserje siempre me acompaña.

Me gusta que lo haga porque luego me sigue acompañando hasta mi clase y vamos charlando siempre.

No lo hace porque no se fíe de mí; creo que a él también le gusta.

Siempre me dice lo mismo:

—Bilal, macho, con lo listo y *apañao* que eres tú, no te metas en jaleos, que sabes que siempre terminas castigado y mal.

Yo sé que me lo dice de corazón, pero es que hay veces que no puedo evitarlo, me sale solo.

En fin, ya hemos dejado al enano en la clase.

La verdad es que la profe de infantil, la que coge a Moha, podría ser un poco más amable.

La tía abre la puerta, agarra al niño y la cierra en mi cara sin decir ni buenos días.

Ni gracias ni nada.

Luego somos nosotros los maleducados.

Si fuese yo quien hiciese eso a una profesora, fijo me expulsaban. Como mínimo, un parte me caía.

Con las ganas que me tienen aquí todos...

Pero que a mí no me guste o me haga sentir mal no debe importar, claro.

Bueno, vamos para clase, que al final siempre soy el último y también me cae por llegar tarde a mí.

A la mitad del patio de baloncesto, el conserje se va a su despacho y yo tiro para mi clase.

Menudo frío que hace, desde ayer por la tarde no he conseguido quitármelo de los huesos.

Y, encima, hoy tengo todas las clases que se pueden tener con María Dolores. Ahora Inglés, luego Natural, después Social y creo que hasta Valores o Arte luego después de comer.

Menudo lunes me espera.

—¡Buenos días! —digo lo justo de alto para que me escuche la profesora mientras me asomo por la puerta, que está abierta.

—Hombre, ¡por fin aparece el señor Bilal! ¿Has estado dándote un paseo por el cole o qué? —La profesora ha parado de escribir en la pizarra para hablarme—. Porque hace rato que ha llegado la ruta, que he visto el autobús por la ventana.

Me mira como si esperase que le dijese que he estado de fiesta por ahí.

—Lo que he tardado en dejar a los pequeños, seño.

—Ya, lo de siempre... Tenemos excusas para todo.

Se gira y sigue escribiendo.

Diga lo que diga, va a dar igual.

—Márchese a Dirección, que ya sabe usted que si llega tarde hasta la siguiente sesión no puede entrar en la clase.

Ni se ha girado a mirarme al decírmelo.

Me doy la vuelta y marcho directo al despacho de Dirección, que está justo frente al del conserje.

Cuando los alumnos llegan tarde es una norma del colegio no entrar en clase para evitar molestar a los que han llegado a su hora.

Claro, yo molesto.

Lo que hacemos es quedarnos con el director leyendo o ayudándole a guardar documentos y otras historias.

Vamos ahora de nuevo para el edificio principal.

—Buenas, me manda María Dolores por llegar tarde —digo mientras me asomo por la puerta.

No quiero que me vea el conserje, porque se enfadará y pensará que ya la he liado.

Hay suerte, debe de estar haciendo fotocopias o arreglando algo, porque no está.

—¡Pasa, Bilal! —me dice el secretario.

—¿Otra vez estamos aquí, macho? —me pregunta el jefe de estudios como si no supiera que la ruta ha llegado supertarde y que es María Dolores la que me ha mandado—. Pues ya sabes lo que tienes que hacer, ¿no crees?

—¿Me siento aquí? —pregunto porque no sé dónde sentarme, no siempre hay las mismas sillas libres.

—¡Claro, hijo!

El secretario me lo dice como si fuese evidente. Pero es su despacho, no me gusta nada de nada estar aquí.

Todo el que pasa y me ve piensa fijo que la he liado muy gorda y que me van a poner, o un parte, o me van a expulsar.

Me siento rápido.

Pero no tengo el libro, esa lectura en la mochila, porque no se puede llevar a casa, ya que lo leemos en clase.

—¿Y qué leo? —pregunto aun sabiendo que me van a dar cera.

—¡Ay, Señor!

El jefe de estudios pone los ojos en blanco.

No le caigo bien, fijo.

Me da un libro, el primero que coge de la estantería que tiene junto a su mesa.

—Venga, ponte a leer.

Lo cojo, lo abro y es un libro de niños de seis o siete años.

Pero mejor no digo nada, porque le voy a molestar.

Me lo leo tranquilo, que a lo tonto quedarán poco más de diez minutos.

Por ahora tengo suerte, porque no está el conserje y estos no me están soltando el sermón por llegar tarde, como si fuese cosa mía.

¡A leer!

9:42 a. m.

—¡Vamos, chicos, sentaos y calláis ya!

Justo dice eso la profesora cuando entro por la puerta.

—Profe, ¿has mandado algo de tarea o algo? —pregunto porque, si no, luego pasa lo que pasa.

—Lo tienes todo en el Classroom como siempre, Bilal, solo tienes que mirarlo. De verdad, siempre estamos con lo mismo.

Pues estamos apañados, porque hasta que no llegue mi padre de trabajar no tenemos conexión. No tenemos wifi en casa, porque estamos con cortes de luz.

Aunque cuando la tenemos, tampoco tenemos wifi. Es mi padre quien la comparte desde su móvil, pero hasta que se le acaban los datos.

A ver a qué hora viene hoy.

Si no, si viene Héctor esta tarde, puede que me deje su móvil.

Héctor es el voluntario que viene a la Cañada a ayudarnos a estudiar y hacer las tareas. Viene un par de días a la semana, no siempre los mismos, porque depende de las clases que tenga y de si tiene otras clases particulares.

Creo que tampoco le sobra.

Me siento tras dejar la chaqueta en el perchero y la mochila en el suelo.

María Dolores ha salido a hablar con la profe del B.

Siempre tarda un rato, así que me acerco a los amigos a ver qué se cuece.

Parece que hoy hay ganas de cachondeo.

9:51 a. m.

Por fin entra la profesora.

Lleva en la mano los exámenes de Inglés que hicimos la semana pasada.

Puf..., me pongo muy nervioso, porque me esforcé mucho, de verdad, y necesito que empiecen a salir bien.

—¡Siempre los mismos molestando, luego tenemos lo que tenemos!

Dice eso mientras nos mira a los que estábamos riéndonos del tiktok que había contado Dani, que es para partirse de risa.

—¡Es la última vez que lo digo! —grita la profesora.

Se está poniendo la cosa tensa. Mejor me siento rápido.

—Como no estéis todos sentados y en silencio, ¡empiezo a bajar puntos del examen por comportamiento! ¡Eso sí, los hay que ni bajar puedo ya!

Se acerca a la mesa y deja el taco de hojas con fuerza.

Madre mía, eso significa lo mismo de siempre.

Esto me pone muy nervioso. No me gusta nada sentirme así.

Nunca sé qué hacer.

—¡Empiezo a repartir exámenes a quien esté sentado y en silencio!

Esta mujer no hace más que gritar.

Eso me pone más nervioso.

—¡Vamos a ver cómo ha ido la cosa esta vez!

Empieza a repartir las hojas.

Siempre hace lo mismo. Empieza con una media sonrisa a repartir los exámenes a los que tienen notazas, los que tienen nueve y ocho, porque siempre dice que con ella es imposible sacar un diez.

Eso no entiendo por qué.

Luego sigue con los que sacan seis y cinco pelados. Pero a esos ya no les sonríe.

Está como... ¿seria?

Luego llega nuestro turno.

Los que no conseguimos aprobar nunca.

Siempre somos los últimos y siempre tiene cara de perro.

No mola nada de nada.

De hecho, a los que tienen buenas notas a veces les hace algo parecido a una broma, pero al resto prácticamente te tira el examen sobre la mesa.

Yo creo que es una absoluta decepción lo que tiene conmigo. Si me siento decepcionado yo mismo, ¿no va a estar ella igual?

Llega mi turno...

—El día que te apetezca espabilar y hacer lo que debes, tendremos que hacer una fiesta. Porque, mientras tanto, querido amigo, seguimos exactamente igual que siempre.

No quiero mirar la hoja, pero está completamente escrita en rojo.

—¡Mírala y no te avergüences ahora! —me dice la profesora girando media cabeza.

Va, lo miro.

¡Mierda, otro dos!

Me da que esto ya es el suspenso de la primera evaluación.

No quiero ni pensar en el retiro de exámenes.

Menudo lunes.

Odio los lunes.

Odio el colegio.

Desde hace un rato estamos de nuevo en la Cañada.

Esta vez el autobús no pilló atasco ni había control de la policía.

Sigue haciendo un frío tremendo y seguimos sin luz; no sé cuántos días seguidos llevamos así. De modo que nos salimos a la calle, que ahora que parece que no hay tanto barro podemos jugar al fútbol y así, al menos, cogemos algo de calor.

—¡Vamos, Bilal, que ya estoy por aquí!

Me giro rápido.

Es Héctor, que por fin ha podido venir.

—¡Vamos, tío, qué frío hace en este pueblo, madre! —dice mientras se frota las manos y los brazos.

No viene con mucha ropa de abrigo tampoco, de modo que tiene que estar pasando frío del bueno también.

Vamos para dentro, aunque me apetece más seguir jugando al fútbol.

Se me da mejor y es más divertido.

Además, no quiero que me pregunte por las notas.

Todas han ido mal. Como siempre, vamos.

6:15 p. m.

Ya nos sentamos en la mesa que tenemos en el salón.

Es la misma en la que comemos. Bueno, es la misma en la que desayunamos, comemos y cenamos, porque no hay otra.

Mi madre también cose sentada en la mesa cuando le sale algún trabajo.

Ella era costurera cuando era más joven.

Héctor se está tomando un té.

110

Mi madre siempre le prepara uno bien calentito. A él le gusta, aunque creo que pasa algo de vergüenza cuando habla con mi madre.

—Vamos a ver qué hacemos hoy.

Me mira mientras le da un sorbo al vaso de té.

Debe de abrasar, porque lo acaba de sacar del fuego que hace en el *camping gas* con la madre y la abuela de Aya.

—Tengo deberes de Inglés y de Naturales.

—Guay —me dice mientras vuelve a darle un sorbo al té.

Este tío está *pelao* de frío. Coge el vaso con las dos manos y está ardiendo.

—¿Tenías notas de los exámenes?

Mierda, justo lo que no quería.

—Alguna tengo sí. —Me hago el longui—. Tengo de tarea un esquema.

—¿A ver esas notas? —me corta y no me deja seguir hablando.

Ya no tengo escapatoria y se las tendré que enseñar.

—Pues mal, ¿cómo van a ser?

—¡Hombre, Bilal! No tienen por qué ser malas. Te estás esforzando un montón.

—Ya...

Le entrego la hoja del examen de Inglés, la que tiene más color rojo que otra cosa.

La mira con los ojos como platos y me mira por encima de la hoja.

No me mola nada esto.

No quiero defraudarle a él también.

Héctor me ayuda y no quiero que deje de hacerlo.

—¡Ostras, macho! —Deja la hoja sobre la mesa y me mira a mí—. ¿Qué es lo que ha pasado? Esto es lo que estuvimos repasando tanto, ¿no?

—Sí. —Agacho la cabeza porque siento vergüenza.

—¡Levanta bien la cabeza, tío!

Me suelta esto mientras con la mano me sube la cabeza empujando mi barbilla.

No tiene cara de enfado.

—A ver, Bilal, ¿qué crees que te ha pasado? —me pregunta de una forma muy tranquila mientras coge de nuevo el vaso de té y vuelve a beber.

—No lo sé, Héctor. De verdad que yo me esfuerzo, pero nunca voy a aprobar esto.

Es desesperante.

—¡Pues habrá que hacer algo diferente, seguir esforzándonos o yo qué sé!

Qué pereza me da todo, de verdad.

—Veamos, ¿dónde tienes las cosas para repasar?, porque aquí tienes las cosas que tienes mal hechas, pero no tienes cómo hacerlas bien.

—Es que no las tengo.

—¿Cómo que no las tienes?, ¿y cómo quieres repasar, tío?

—¡Están en el *drive* y yo no tengo de eso!

Héctor cambia la cara y se da cuenta de que no lo tengo porque no quiera.

—¡Vale! Eso es otra cosa.

Se gira y abre su mochila.

—Vamos a ver tus contraseñas, que hoy me traje el portátil y esto lo arreglamos en un pliqui.

Este hoy me va a sacar brillo.

7:20 p. m.

—¿Te has enterado de lo que hemos visto?

Me mira a los ojos porque creo que sabe perfectamente si le miento o si le digo la verdad.

¡Qué tío!

—Creo que sí, de verdad.

—Vale, pero vamos a hacer un último ejercicio, ¿OK?

Qué plasta de tío es a veces.

—¡Dale!

7:32 p. m.

—¡Muy bien, tío! ¡Así se curra!

Me encanta cuando me dice esas cosas.

Me sube la moral un montón.

—Sé que es difícil para ti, Bilal, pero, si te pones un poco las pilas y seguimos currando como hoy, ya verás cómo pronto tendrás mejores resultados.

Me lo dice confiado de verdad.

Se lo cree.

—Bueno... —le digo, por no decir que no creo que funcione.

—¿Lo estás dudando? —pregunta mientras recoge el ordenador y los cuadernos que hemos utilizado.

—Pues no sé. —Yo también me pongo a recoger para evitar mirarlo a los ojos—. Es que la profe no me lo va a poner fácil.

—Ya veo, ya. —Se detiene y me mira—. En el fondo, su trabajo no es ponértelo fácil, sino sacar lo mejor de ti, ¿no crees?

Paro de recoger y le presto toda mi atención.

—Pero ella no me ayuda, ¡solo me deja mal delante de todo el mundo!

Voy a ser totalmente sincero con él.

Él siempre lo es conmigo y la verdad es que esto me desespera bastante.

—Mira, Bilal, no todo el mundo sabe cómo hacer para ayudar a los demás. Piénsalo un segundo. En realidad, es superdifícil poder hacerlo. —Tiene toda mi atención—. Yo ahora estoy solo contigo y sabes que me gustaría poder estar todas las tardes y seguro que conseguiríamos mucho más. Pero también podrías pensar que soy un pesado insoportable, que este es tu tiempo libre y que no tienes por qué hacer nada conmigo, ¿es así?

—Sí.

—Pues ella tiene veinticinco alumnos o más y cada uno necesita una cosa diferente. Y no todos quieren hacer caso ni ser ayudados, ¿me equivoco?

—No te equivocas, pero podría ser de otra forma, ¿no?

—¡Pues claro que sí! Pero si continúas pensando te darás cuenta de que puede que la propia profesora tenga una situación difícil en su vida, que lo esté pasando mal o que sea ella quien necesite ayuda. ¿Te has parado a pensarlo alguna vez?

La verdad es que nunca pienso en la vida real de los profesores. Siempre se les ve o enfadados o gruñendo porque se van quejando de todo.

Yo jamás sería profesor, quiero pasármelo bien.

—Esto no quita que las cosas las haga bien, pero este no es nuestro papel. Nosotros no tenemos que examinar su trabajo.

Mira que es listo este tío.

Le sigo escuchando muy atento.

—Nuestro trabajo es el de aprender. Que no es sencillo de por sí.

—Pero ¡ella cobra por hacer esto, nosotros no!

A ver cómo me responde a esto, porque ahí sí le he dado.

—Cierto que ella cobra. Por eso es su trabajo. Pero no implica que sea perfecta ni infalible.

—¿Qué es infalible?

Me gusta preguntarle por el significado de las palabras que no conozco, porque esas sí se me quedan.

—Significa que nunca falla. Ella se equivoca como todos hacemos.

—¡Pues con nosotros nunca se equivoca, siempre tiene la razón hasta cuando no la tiene!, o eso nos dice.

—Bueno, vamos a centrarnos.

Ahora viene la charla que ya me lo sé.

—Tú tienes que hacer tu trabajo y ella el suyo. Y tu trabajo es muy difícil, por lo que necesitas prestarle más atención.

—Ya.

—Tú tienes las cosas un pelín más complicadas, pero eso no es excusa. Es, simplemente, ¡un desafío que debes superar!

—¡Lo dices como si fuese fácil!

Qué cachondo, a ver cómo hago yo las cosas si no tengo lo que necesito para hacerlas.

—Sé que no es sencillo, pero si lo piensas..., ¿haces todo lo que puedes o puedes hacer mucho más?

Me quedo pensando un segundo.

Héctor sigue recogiendo, porque seguro que tiene alguna clase particular o quizá haya quedado con la novia. Nunca pensé que tuviera novia.

Es cierto que sí quiero.

—¡Hago mucho, Héctor!

—Claro que sí, pero ¿haces todo lo que puedes?

—Sabes que no, que siempre se puede más.

Cuando digo esto, agacho la cabeza, porque sé que podría buscármelas para hacerlo, para sacar el material o lo que fuese.

Es un momento incómodo para mí.

—Levanta la cabeza, Bilal.

Me mira de frente, a los ojos, como siempre hace cuando me habla.

Eso me gusta.

—No dejes por hacer nada que tú puedas hacer. Porque nadie lo hará por ti.

Me gusta que cuando habla mueve las manos y me las enseña, como los magos cuando te enseñan que no llevan nada escondido bajo la manga.

—Fíjate lo que te voy a decir, no pasa nada por suspender uno o veinte exámenes. Mientras tú te esfuerces y sigas aprendiendo. No todos necesitamos saber inglés o saber hacer ecuaciones de tercer grado, ¿me entiendes?

—¿Qué es una ecuación de tercer grado?

Héctor se ríe por lo bajito y sigue hablando:

—Ya tendrás tiempo de saber qué es eso, pero piensa en tus padres, que no tuvieron la oportunidad de ir a la escuela, ¡tú sí!

Eso es cierto.

Mi padre, cuando se sienta a contarnos cosas e historias, siempre lo dice, que de poder haber ido a la escuela nuestra vida sería diferente.

—Bilal, no permitas nunca que nadie te haga sentir que no vales. Porque vales y mucho. Pero has de ser tú mismo quien decida dar el paso y poner más esfuerzo. Evidentemente, hay cosas que te cuestan más, porque no se te da bien todo, pero precisamente en eso debes esforzarte más.

Tiene razón, pero me es muy difícil.

—Yo sé que puedes. Te conozco y vales una burrada.

Ojalá lo pensasen en el cole los profes.

—Y te pienso ayudar en todo lo que pueda. Pero eres tú y solo tú quien tiene que hacer lo necesario para que tu situación cambie. Y fíjate lo que te digo, no es cosa sencilla. Las grandes obras maestras se hacen a base de esfuerzo y dedicación, así que ya sabes, ¿no?

—Lo sé.

Tiene razón en que soy yo quien tiene que ponerse manos a la obra.

Mientras terminamos de recoger, me fijo en que me sonríe todo el tiempo.

Me gusta tanto eso.

No sé muy bien cómo hacer esto que me pide, pero una cosa sí que tengo clara: que puedo contar con él.

Tengo que poner remedio, es cierto, por mí.

—Vamos, macho, que se hizo de noche y ahora volver en el autobús no mola.

—Ve con cuidado, tío.

—Sí, que yo ahora tengo que hacer un trabajo y empollar de lo lindo; que también tengo mis exámenes y he quedado con una compañera para que me ayude, porque ando pelín perdido como tú.

Eso sí que no me lo esperaba.

Él también necesita que le ayuden.

Mientras Héctor se despide de mi madre y de la abuela de Aya, que sigue en casa ayudando a mi madre, me quedo en la mesa.

No voy a guardar las cosas aún. Voy a repetir los últimos tres, bueno, últimos dos ejercicios, que tampoco hay que pasarse.

Tengo que conseguirlo y no me vale que sea por no intentarlo de verdad.

Qué difícil es acertar a la hora de generar la motivación necesaria para que las cosas ocurran como deseamos. Para que cada uno de nuestros alumnos no solamente alcance los objetivos que definimos para ellos, sino que sientan esa satisfacción disfrazada de orgullo por alcanzar. Por conocer.

Son quizá demasiadas las ocasiones en las que con la mejor de las intenciones buscamos lo último, lo más novedoso o llamativo, como herramienta para mejorar esta situación. Y es cierto que es muy bueno utilizar todo aquello que está a nuestro alcance para lograrlo. Es fantástico poder endulzar con luz y color, con sonido y movimiento, con perspectiva y realismo aquello que, de otra forma, solo podríamos ver en nuestra imaginación. Pero, en ocasiones, ¿a coste de qué? ¿A costa de quién?

No todas las actividades son buenas para todos los alumnos. Esto lo tenemos más que claro. Pero no sentimos la libertad o las fuerzas necesarias para plantar cara en este asunto. Nos terminamos por perder en la jungla de las calificaciones y las evaluaciones. Perdiendo la perspectiva de la realidad del alumno. Obramos buscando la mayor justicia, tratando al final a todos por igual, olvidando que existe la diferencia. Escuché muchas veces a mi buen amigo y maestro que utilizamos un modelo de enseñanza en el que se dice «esto es así y siempre se hace así», para luego proponerles situaciones que «no se resuelven de ese modo». Entonces, ¿no siempre estamos dando las herramientas que, en realidad, necesitan porque resulta que siempre es así? De ser de este modo, ¿quién lo enseñará o cuándo lo aprenderán?

Tenemos claro que a la hora de programar, de diseñar el acto didáctico debemos atender a lo que denominamos diversidad. Debemos atender a las necesidades que cada uno de nuestros alumnos siente al enfrentarse a un nuevo aprendizaje. Porque todos y cada uno de nosotros tenemos necesidades cuando nos enfrentamos a lo que nos supone un desafío, a algo nuevo o distinto. Pero ¿y cómo atendemos al cómo hacer para que lleguen?

Lo que es más complicado, ¿cómo atendemos a estos aspectos tan importantes en el proceso de evaluación? Es esta la oportunidad de parar, mirar hacia los lados para ver a quién estamos acompañando. Es el momento de atender a la realidad de cada uno de nuestros alumnos. Es el momento de centrar en nuestra acción, sea en su fase de diseño, en la de aplicación o en la de revisión, lo mismo me da, aquello que es realmente lo bueno para ellos.

No todos necesitan lo mismo. Todos merecen la oportunidad. Pero nuestra tarea, la de tantos y tantos maestros que conozco —que cada día son más—, es la de buscar la forma de conseguir en ellos la intención de querer más. La motivación de desear más.

Será esta la forma de eliminar los suspensos tradicionales, de hacerlos desaparecer para siempre. Porque los habremos vencido en pro de lo que necesitan realmente, evitando convertirlos en profecías cumplidas antes de tiempo. De este modo, conseguiremos hacer desaparecer el estigma que genera el escuchar de forma permanente y constante lo negativo, lo malo que es un grupo, lo poco se aplica un alumno, lo imposible que es sacar un poco de esfuerzo de una alumna. Al final, se genera un sentimiento de pertenencia a lo negativo que lastra el resto de la existencia formativa en las personas. Pero sabemos que no es así, porque todos valen. Todos son especiales e importantes. Cada uno en su medida.

Preguntaremos antes, ¿dónde necesitan llegar?, para entonces continuar preguntando ¿cómo hacer para que lleguen?

Capítulo final

He aquí mi secreto,
que no puede ser más simple:
solo con el corazón se puede ver bien;
lo esencial es invisible para los ojos.
—Lo esencial es invisible para los ojos
—repitió el principito para acordarse.
—Lo que hace más importante a tu rosa
es el tiempo que tú has perdido con ella.

ANTOINE DE SAINT-EXUPÉRY

Al igual que sucede en alguna de mis películas favoritas —aun a riesgo de sonar más friki y, creedme, lo intento ser con cierto orgullo—, me permitiré el lujo de realizar un ejercicio de divagación fantástica. Del mismo modo que Harry Potter o el mismo Tony Stark en el momento previo a su generosa muerte, he imaginado un lugar parecido al que estos personajes nos enseñan.

El mago se encontraba en una estación de ferrocarril, decidiendo cuál de esos trenes era el adecuado para tomar —bonita forma de decirlo, ¿verdad?— el tren que le llevaría a una nueva existencia, en distinto plano al mortal, absolutamente desconocido; pero no aterrador, aunque, eso sí, carente del interés que mantenía el que llevaría al plano real para el personaje, lleno de vitales desafíos, románticos, profesionales...

En el caso del héroe del cómic, se sitúa en un escenario diferente, aunque con ciertas similitudes al del mago. Este es un plano transitorio, en cualquier caso, con un final perfectamente definido sin marcha atrás. Aquí permanece unos minutos sabiendo que es el preámbulo de su destino final. Este le permite vislumbrar y disfrutar del futurible que se desprende como consecuencia de sus logros. Su hazaña le dará la oportunidad de juguetear con el tiempo, como el que juega con el agua entre los dedos en un lago en completa calma. Sabiendo que, aunque el agua se escape de forma asegurada, siempre puedes volver una y otra vez a recogerla. No hay ningún problema en hacerlo cuantas veces desees.

De verdad, he pensado y repensado muchas veces cómo es este lugar, tratando de no inclinarme hacia ninguno reconocible, al menos eso intenté. Buscando las condiciones que hagan de la eternidad una arena fina de la que poder llenarse los bolsillos. Bolsillos en los que podamos meter nuestras manos cuando lo necesitemos y acudir allí cada vez que lo anhelemos. Al igual que en el lago hacemos con el agua.

En este lugar no hace frío ni calor. Si te gusta como a mí llevar pantalones cortos todo el año, puedes hacerlo sin problema. Si, por el contrario, disfrutas con los calcetines altos y gruesos, camisetas interiores y gordos abrigos con cuello de borrego —de los calentitos calentitos—, no pasarás calor.

En este lugar no hay reglas de este tipo, la temperatura no nos afecta. Tampoco el tramo horario. No sé si es de día o de noche, si amanece o anochece. Lo que sí hay es esa luz anaranjada y rojiza que lo envuelve todo y genera una tranquilidad mágica.

Tú decides.

Sabemos que solo hay calma, solo hay tranquilidad y sosiego. No existe el miedo, puesto que en este lugar solo se puede sentir seguridad.

Solo hay claridad.

Es precisamente en un lugar así en el que ubico el capítulo final de este libro que bien podríamos llamar episodio. Seguramente el más importante. En este, todos los personajes que han ido apareciendo en cada relato en forma de diario pueden convivir ajenos al castigo del tiempo. Por eso, se presenta un grupo más que variopinto, absolutamente heterogéneo no solo respecto a las edades, sino a las épocas, a las realidades sociales y culturales. Pero ¿no es así en cada una de las aulas en las que podemos entrar hoy en día, en la sociedad o en la vida en general?

Por la idiosincrasia del lugar presentado, esa que la distingue de todas las demás, que la hace única; no habrá similitudes con ningún espacio conocido ni reconocible. Primeramente, porque será tarea de cada lector la de dar forma, color y contenido al mismo, generándolo y transformándolo en función de sus intereses e intenciones. En segundo lugar, porque necesariamente ha de ser así, ya que todos y cada uno de los personajes, de los protagonistas, permanecerán en la escena ajenos al devenir de tiempo y de los años. Todos y cada uno de ellos convivirán en un diálogo de lo más íntimo, sin miedo a ser escuchados por nadie que no sea un igual, como pasa en el patio del colegio.

Podríamos decir que suena el eco del espacio, no el eco de las voces. No tenemos esa sensación de ser algo pequeño en medio de un lugar enorme. No somos insignificantes, todo lo contrario. Se siente la paz. Se siente una tranquila y una cálida seguridad infinita.

Las voces se escuchan a la perfección. No es necesario alzar la voz. Lo que en términos de psicoacústica se denomina la inteligibilidad de la palabra es grandiosa. Se entiende todo de forma fantástica, maravillosa. Aquí las normas de la física y la acústica no se pueden aplicar. Aunque se encuentren a cierta distancia, incluso algo lejos los unos de los otros, se pueden oír las voces como quien te susurra al oído en medio de la noche más cerrada, bajo la calma más absoluta.

Para este capítulo final, no utilizaré el formato del diario. La elección de este tipo de texto buscaba mostrar los pensamientos de cada uno de los personajes que han ido apareciendo a lo largo de los capítulos. Tratando de expresar desde la realidad de los niños que aparecen cómo se viven las diferentes situaciones que, de forma muy habitual, se dan en las escuelas. Además, de una forma lo más realista posible. Ahora, en este capítulo final, me veo obligado a cambiar el modelo. Ya no se trata de un único punto de vista, de la vivencia de un solo alumno, sino del diálogo que entre todos ellos surge en este escenario descrito, en unas condiciones de absoluta seguridad y, por supuesto, dotando a la imaginación de una libertad absoluta.

Es por ello por lo que ahora hago una sincera petición al lector: leed con los ojos de un niño de edad similar. Transformad vuestra alma, viajando a aquellos momentos que viven los personajes. Pensad, razonad y entended con la mirada, la mente y el corazón de vuestro ser niño. Es lógico pensar que tomamos como precepto las palabras del principito, cuando dice «lo esencial es invisible a los ojos, solo con el corazón se puede ver bien».

Pues eso, os pido que miréis, leáis y penséis con el corazón.

Un día sin número, de un mes cualquiera, en un año sin determinar. A cualquier hora.

Bilal vaciló un poco antes de decidir acercarse al chico que estaba sentado en aquel banco de madera tan bonito. Era un banco de madera que tenía pinta de ser cómodo. Durante un buen rato, estuvo mirándole, intentando adivinar su edad.

Observó todo lo que pudiese darle algún tipo de información sobre el chaval. Alguna pista por pequeña que fuese. Cualquier gesto, por insignificante que pudiese parecer, podría aportarle una información más que valiosa.

Pero, ante la duda, siempre es mejor acercarse y preguntar. Al menos, eso había aprendido en los últimos años. No había ninguna razón por la que acercarse y preguntar fuese un problema. De hecho, solía ser una señal de valentía. Así se funciona en la Cañada: o te espabilas, o te comen. Tienes que ser tú quien marque la diferencia. Ser el primero implica muchas cosas muy importantes.

En unas ocasiones, golpear dos veces; en otras, no quedarse sin lo que está en juego. En este caso, el valor.

—Ey, tío, ¿cuántos años tienes? —preguntó Bilal mientras giraba desde la parte trasera del banco haciendo intención de mirarle bien a la cara, buscando hueco para sentarse junto a él.

—¿Yo?

Aquel niño preguntó poniendo cara entre sorprendido y entusiasmado, cosa que a Bilal le pilló por sorpresa.

—Sí, claro.

Ernesto contestó sin dudarlo. Aunque algo alucinado ahora sí por aquello de que un chaval mayor se le acercase y hablase con él. No daba crédito a lo que estaba sucediendo.

—Tengo ocho años. ¿Por?

—Porque pareces algo mayor. Pensaba que tenías diez o así —contestó Bilal haciéndose algo el interesante.

Realmente, no sabía por qué, pero sentía la necesidad de dar buena impresión a aquel chico. Era algo a lo que no encontraba sentido, ya que no tenía por qué hacerlo.

—¿Y tú cuántos tienes? —preguntó, girándose hacia él y cerrando una especie de revista que tenía en la mano.

Esto sorprendió de nuevo a Bilal. No estaba acostumbrado a ver esta seguridad en niños que sabía eran más pequeños. De hecho, lo normal era que se acongojaran un poco ante él.

Siendo mayor.

Siendo repetidor.

Siendo Bilal.

—Yo tengo doce, pero sigo en quinto.

Eso sonó algo triste. De hecho, sonó muy triste. Ernesto lo detectó a la primera. Él estaba acostumbrado a sonar de aquella forma. Conocía perfectamente ese tono. Entonces decidió dejar el álbum de cromos que tenía entre las manos en el banco e intentar mantener una conversación con el chico.

—¡Uf!, a mí quinto aún me queda algo lejos —dijo con verdadera preocupación.

Aunque lo que realmente pretendía era rebajar esa sensación de tristeza que se desprendía de las palabras que acababa de escuchar.

—¿Qué llevas ahí? —preguntó Bilal, intentando descubrir qué era lo que tenía entre las manos, al mismo tiempo que cambiaba de tercio y dispersaba esa sensación de impotencia, casi desesperada.

—Es un álbum de cromos de mi película favorita —contestó rápidamente el niño, con muestras más que evidentes de entusiasmo.

De manera fulminante, aquellos sentimientos que sobrevolaban al inicio de la conversación desaparecieron, dejando paso a una efervescencia, sin duda, contagiosa.

—¿Me lo dejas ver?

Bilal tendió la mano, solicitando que le dejase ver de cerca aquel álbum. A lo que Ernesto accedió, aunque con algún que otro reparo, cosa de la que Bilal se percató rápidamente.

—Tranquilo, que no te lo voy a estropear —dijo tras una sonrisa sin ninguna malicia.

—Es el álbum de cromos de la peli de *Batman*. ¿La has visto? —preguntó con los ojos como platos. Deseoso de encontrar a un compañero que disfrutase tanto como él. La forma en la que miraba a Bilal desprendía un entusiasmo abrumador.

—¡Esta sí la he visto! Hace poco, además, que la pusieron en la tele.

Ernesto sintió lo más parecido a la euforia al ver que alguien podría tener sus mismos gustos. Además, alguien mayor que él.

Sin poder ni querer evitarlo, continuó:

—A mí me encanta —dijo Ernesto con entusiasmo—, pero normalmente no puedo verlo casi ni enseñarlo. Solo en mi casa. Me regañan si se me ocurre sacarlo.

Sus palabras, que parecían un verdadero volcán de entusiasmo por haber encontrado a un posible compañero de gustos, y además mayor que él, se tornaron grises casi con la misma velocidad.

Bilal continuó abriendo las páginas del álbum y parándose para ver el coche del héroe de cómic. ¡El Batmóvil! En un primer momento, no dio ninguna importancia a las palabras de Ernesto. Pero al oír aquello no lograba entender cómo el hecho de tener algo así podría ser negativo. Él normalmente no tenía ni revistas ni álbumes, ni nada parecido. A no ser que Héctor, el chico que de vez en cuando le ayudaba a hacer las tareas y a estudiar, le dejase alguna vieja revista de coches o motos, cosa que le gustaba mucho. Pero eso era algo que sucedía en muy pocas ocasiones.

Ernesto, a su lado, era un auténtico afortunado.

Ese era uno de sus sueños. Llegar a tener algún día una moto de esas con ruedas muy gordas que hacen mucho ruido al pasar y todo el mundo gira la cabeza para ver cómo es. Todo el mundo gira la cabeza para ver quién es, para mirarle a él.

—¿Por qué no? Menuda tontería —soltó sin complejos Bilal.

—¡Porque si te lo pillan te la cargas, pero bien!

Mientras Bilal observaba y gastaba las imágenes de las páginas del álbum con sus ojos, Ernesto se le acercaba para mirar las fotos al mismo tiempo. Bilal, una vez escuchadas las palabras de Ernesto, paró en seco y con el semblante algo duro se dirigió a él:

—A mí sí que me tienen siempre enredado; si no es una bronca por una cosa, es por otra. Así todo el tiempo. Cada día, pase lo que pase. No creo que sea para tanto. ¡No te quejes, anda! —repuso, levantando la mano y girando la cabeza, haciéndole sentir a Ernesto que exageraba al decir aquello.

Esto a Ernesto le dejó algo asombrado. Parecía un tío de esos que molaban. De los que cortan el bacalao en el colegio. Nunca pensó que alguien así, con ese poder, pudiese sentirse de aquel modo. Igual que él.

—¿Y eso por qué? —preguntó extrañado, ya que por más que lo imaginaba no le entraba en la cabeza.

—Porque me tienen manía. Y sé que me dirás que eso lo decimos todos.

Ernesto apartó la mirada, porque es cierto que él mismo había dicho esas mismas palabras, en su casa, cuando le habían puesto alguna nota por no haber terminado la tarea, o por lo que fuese, a los amigos en el patio.

Es cierto que lo sentía de aquella manera más veces de las que creía.

—Pero es verdad. Mira, tío, tengo una profe que cada vez que me dice algo cambia la cara. Sonríe a todos, o a casi todos, menos a mí y a unos cuantos más. Y me doy cuenta, tío, no soy idiota.

Al decir esto, no pudo evitar sentirse algo hundido. No le gustaba ni tan solo la idea de pensarlo, de modo que decirlo, menos aún. Era lo más parecido a aquello del jarro de agua fría. Esto se tradujo en su cara en una mirada triste y una mueca que en nada se parecía a una sonrisa.

Nadie, en ningún lugar del mundo, pasaría por alto la cara del muchacho. Un cúmulo de sensaciones, de emociones que seguro no era capaz de identificar en su totalidad y mucho menos gestionar.

Difícilmente un adulto de esos que se dicen competentes emocionalmente sería capaz, como para exigírselo a un chico de esa edad.

—Ya... —contestó Ernesto dejando en un lado del banco por fin el álbum de cromos. Como si ya no fuese tan importante para él.

—A mí es que depende del día. Hay algunos que la profesora parece que está supercontenta y todo sale bien. Ese día la clase mola mucho, hasta te diviertes. Cuando está así, te ayuda y no te regaña si levantas la mano porque no entiendes algo o lo que sea. Pero el día que viene torcida —Bilal negaba con la cabeza mientras Ernesto continuaba contando qué sucedía cuando aquello pasaba— ya puedes tener un cuidado que flipas, porque como seas de los que no les caes bien...

Su cara era más que un poema. Un cúmulo de expresiones de todo tipo mezcladas que difícilmente podríamos traducir como positivas o negativas al menos.

—Yo no le gusto nada de nada a la mía, ¡lo sé yo! Incluso me lo ha dicho más de una vez. Creo que a ninguno, de hecho —lleván- dose las manos a la cabeza e inclinándose para pasarse la mano por el despeinado pelo, mientras cerraba los ojos, como claro síntoma de desánimo, pesimismo o, lo que es peor, desaliento.

—Pues últimamente yo creo que tampoco. No sé, no termino de entender qué hago mal.

—No me gusta el colegio nada —casi murmuró Bilal, agachando la cabeza de nuevo.

—Nada —sonó Ernesto como si fuese un eco.

Ambos niños, una injusta sensación. Sentían vivir una situación absolutamente inmerecida.

Pasaron unos segundos, que para los dos muchachos supieron a minutos, largos e incómodos minutos. Pero como si dejasen las compuertas de una acequia abiertas en pleno campo y el agua inundase los canales y los bancales de los cultivos, continuaron charlando sin reserva.

En ese momento, la revista, el héroe y su maravilloso vehículo ya no tenían ninguna importancia. De hecho, habían dejado de existir para aquellos muchachos, al menos, por un rato.

—Yo lo que no entiendo es por qué tienen que dar miedo.

La pregunta siguió de una mirada a Bilal, de la que Ernesto esperaba una sincera y satisfactoria respuesta. Una que le dejase tranquilo, que explicase o resolviese su duda. Duda más que relevante para él en ese momento. Pero para la cual el muchacho, por desgracia, no tenía ninguna.

—No tengo ni idea. Lo que sé es que cuando me dicen lo que sea, en plan bronca, o me deja para el último, como hace siempre para que no me dé tiempo a salir, ¡todo el mundo se da cuenta!, y es una...

—No me gusta nada eso —interrumpió a tiempo Ernesto.

—¡No le puede gustar a nadie! —Su mirada se perdió lejos, muy lejos, durante un instante.

En un solo instante da tiempo a revivir los mejores y los peores momentos de tu vida y este chico pasó por muchos de ellos. Quizá no como en las películas, a tiempo real y rodeados de neblina, pero sí respecto a cómo se sentía en cada uno de ellos. Y eso no era nada agradable. Nada.

—¿Tú crees que si se lo hiciesen a ellos les gustaría? —preguntó Ernesto como siempre, sin filtro alguno, como quien abre una caja sorpresa, de esas que sale un muñeco, habitualmente un payaso, sujeto por un muelle. Se trataba de un pensamiento absolutamente sincero y por eso, inmediato.

—¡Claro que no! Pero ellas no tienen que aguantar ninguna de estas cosas. —El semblante de Bilal cambió un segundo, porque algo pasó por su mente—. Ellas son las que dicen esas cosas. Seguro que nunca se han equivocado en nada —continuó el chico con claros síntomas de sorna, aunque también con cierta incomodidad.

Ernesto ahora sí que no se acordaba de la existencia del álbum. Estaba más que claro que esto era más importante para él. Casi más que cualquier otra cosa.

—Cuando me dice eso de siempre son los mismos, no piensa en que me he dado una paliza para intentarlo. ¡Pues si no sirvo, que me lo digan ya y me dedico a otra cosa! Total... —Aunque Bilal intentaba transmitir fuerza y seguridad, tratando de aparentar que incluso le harían un favor, la realidad era todo lo contrario.

Su cara, incluso absolutamente todo su cuerpo, expresaba claramente lo contrario.

—En mi clase eso se lo dice a menudo a Carlitos. La verdad es que el mamón no suele traer la tarea terminada. Eso también es cierto, pero si le ves la cara cómo se le queda.

—Ya, y nosotros las liamos gordas, no te creas.

Bilal explicó las mil y una ocasiones en que, bien antes o después de una clase, incluso durante las mismas, organizaban todo tipo de fechorías: se levantaban sin permiso, hacían ruidos para molestar cuando la profesora pasaba por un determinado lugar de la clase o la pizarra, no hacían la tarea o traían el material necesario para realizar una actividad.

Los dos niños se miraron a los ojos y por un segundo comprendieron que eran más parecidos de lo que podrían haber pensado en un principio.

Compartieron infinidad de vivencias y situaciones en las que ambos habían visto comportamientos, comentarios o actitudes que sentían similares.

—Pero luego hay días que Emilia llega y es supermaja y divertida. Y ese día mola mucho todo.

—¿Quién es Emilia? —preguntó Bilal mientras ponía una cara de «no sé qué me estás contando»—. ¡No me hables bien de la profesora ahora, cuando la estamos poniendo verde!

—¡Mi profesora!, ¿quién va a ser? —contestó Ernesto, dando por hecho que Bilal tenía que conocerla.

—¡Vale, vale!, que no me estaba enterando yo —contestó Bilal entre sorprendido y divertido.

La verdad es que este chavalillo le caía muy bien y le hacía mucha gracia cómo hablaba. Se sentía a gusto hablando con él.

—Eso es lo que no entiendo. Se supone que son profesoras porque les gustan los niños, ¿no?

Ernesto se quedó esperando una respuesta que le dejase tranquilo de una vez por todas. Pero el tiempo de espera era demasiado largo y las caras de su nuevo amigo no le transmitían toda la seguridad y compadreo que esperaba.

—Se supone, sí. Pero la mía, por ejemplo, llega a clase y saca el libro. Y solamente hacemos cosas del libro, cuando hay otros profes en el cole que dan las mismas asignaturas, pero hacen unas cosas superchulas.

Ernesto le miraba prestando una atención inusual a cada una de sus palabras.

Ahora sí recibía una información que deseaba y esperaba con verdadero fervor.

—A mí eso me aburre, tío. Y, encima, ver a otros de otros cursos hacer otras movidas mejores. No es justo. Yo también quiero hacerlo. Yo también quiero pasarlo bien en estas asignaturas. Como dicen ellos, aprender divirtiéndonos. ¡Ja! —terminó riendo de forma jocosa.

—Entonces, ¿habrá que acostumbrarse? —preguntó Ernesto tratando de zanjar el asunto, como muestra de una derrota absoluta por goleada del contrario.

—Entre el libro, los exámenes y los deberes, nosotros no paramos de escribir y hacer historias que no aprendes nada y, encima, ella se lleva una tonelada de trabajo para corregir.

—¡Normal que esté enfadada!

Bilal se quedó durante un segundo mirando a lo lejos, sin un objetivo claro. Pensativo. Acababa de atender y entender una realidad que le pasaba desapercibida de forma cotidiana.

Había incluido un nuevo punto de vista a su catálogo. El de su profesora. Se había imaginado a él mismo teniendo que llevarse a casa la pila de cuadernos y hojas para corregir sin falta para el día siguiente. Esa imagen produjo algo parecido a lo que sería una chispa en su cabeza despeinada.

Se giró hacia Ernesto y le preguntó:

—¿La tuya también hace tantos exámenes y fichas? Vamos, ¿que os tiene como a nosotros haciendo mierdas de esas todo el tiempo?

La postura de Bilal había cambiado. Se había incorporado, estirándose y aproximándose a Ernesto, buscando que la información llegase más rápido por aquello de estar más cerca. Igual que los investigadores o los médicos de las series, que sin ton ni son reciben por arte de magia una maravillosa idea que resuelve el caso o consigue salvar la vida del paciente de una forma absolutamente genial.

—No todo el tiempo. Pero casi... Ya te digo que hay días que molan.

—Pero cuando las hace, ¿también las tendrá que corregir igual que la mía?

—Imagino que sí.

—Entonces, ¿cuándo es cuando te gusta a ti?

Algo pretendía comprender el chaval al hacer esas preguntas. Quería ir a parar a alguna parte, pero no tenía muy claro adónde.

—A mí me gusta cuando, además, hacemos otras cosas. Cuando practicamos algo de lo que se da en clase. Cuando lo que hacemos es divertido o si sirve para algo.

—¿Puede que estén enfadadas por eso de corregir tanto y tanta historia? —preguntó pensativo mientras miraba al otro chaval.

Sentía que había descubierto el motivo por el que para ellos esto resultaba un verdadero sufrimiento. Es más, quizá aquella idea fuese clave para modificar la imagen que tenían sobre si resultaban agradables e incluso queridos por sus profesoras. De ser así, no sería realmente así. Ellos no serían el problema real.

—Fijo que sí. Yo me mosquearía como una mona si tuviese que pasarme el día en clase y luego por la tarde tener que estar con lo mismo y corrigiendo encima. Además, siempre está poniendo a parir al jefe de estudios por tener tantas reuniones y mil cosas más. Que si programaciones, ahora tienen que rellenar mil informes y papeles.

—¿A ver si cuando están enfadadas lo están con otra cosa que no somos nosotros, tío? —preguntó Bilal.

—¡Qué va, tío! La mía es una borde de nacimiento. Que me lo ha dicho un colega de sexto que la conoce. Y un vecino que termina el instituto también, que la conocen.

De nuevo unos segundos de silencio reflexivo. Porque, aunque no lo parezcan, los dos están dandole vueltas a algo que les empieza a rondar de manera más clara en sus cabezas.

Una semilla había caído en la fresca tierra de sus pensamientos. Algo que era más que novedoso. Algo que resultaba ser absolutamente relevante para sus vidas.

—Es que yo tengo un profe... —Paró a pensar un segundo antes de continuar—: Bueno, es un colega realmente, que al principio cuando venía a ayudarme parecía estar también así, bueno, algo menos, pero igual. Parecía que no quería estar ayudándome. Y mira que tuvimos alguna movida al principio, pero hablamos claro los dos y...

—¿Y qué? —preguntó Ernesto con auténticas muestras de ansia por conocer más.

—Pues que yo le veo un tío feliz. Y me ayuda porque quiere, pero tiene mil cosas en la cabeza también, qué tela. Alguna me ha contado. Pero como no es un colegio, no tiene que hacer ni exámenes ni todas esas historias. Pero tiene unas movidas que lo flipas. Tiene que tener días muy chungos también.

—Pero no es un colegio —terminó Bilal, quedando atascado en un pensamiento.

—Pues suerte que tienes. Yo cruzo los dedos para que venga contenta y hagamos cosas que molen. Ya que hay que estar allí, ¡al menos que sirva!

—Pero ¿y si no somos nosotros los que necesitamos ayuda solamente? —soltó Bilal casi sin pensarlo demasiado.

Por unos instantes, había dejado de sentirse el centro del universo. Sin hacerlo de manera voluntaria, sin controlarlo, él estaba dejando de ser el protagonista de la historia.

—No te entiendo, macho. ¿A qué te refieres?

—Que si tuviesen menos exámenes, menos cuadernos e historias que corregir e hiciesen las cosas que les molan estarían más felices, ¿no crees? Como nosotros.

—¡Pues que lo hagan! —soltó Ernesto levantando los brazos, como si la solución fuese igual de sencilla como de evidente.

—Mi colega Héctor lo hace porque quiere y puede. ¿Y si ellas no pueden por algo?

¿No habías dicho que estaban superenfadadas con el jefe de estudios porque a ellas les mandaba igual mucha tarea?

Bilal miró hacia lo lejos con cierta preocupación. Sentía haber descubierto algo, sin saber muy bien el qué, ese algo le intrigaba al mismo tiempo que le hacía pensar en María Dolores todo el tiempo. Pero en esta ocasión de una forma muy distinta a la habitual.

Entendía es ese mismo instante aquello que tantas veces había oído decir y nunca se había parado a pensar aquello de sentimientos enfrentados.

Al mirar a lo lejos, se percató de que una figura estaba prácticamente a su lado. Era una niña que se acercaba sigilosamente.

Andaba en línea recta, directamente hacia ellos. Parecía tener claras intenciones de dirigirse a la pareja de chavales sentados en el banco de madera.

Los chicos no solo se percataron de su presencia, sino de sus intenciones. No les pareció mal, no había ningún motivo para ello.

—Buenas. ¿Puedo sentarme con vosotros? —preguntó con mucha vergüenza.

Se mostraba como una niña muy tímida o eso parecía a simple vista.

—Claro que sí —dijo Ernesto casi pegando un bote. En su boca se podía percibir una sonrisa de medio lado muy curiosa.

Bilal hizo un gesto con los hombros dando su consentimiento, aunque le daba igual.

Resultó interesante la diferencia en las respuestas de cada uno de los niños. Radicalmente distintas, aunque eso sí, ambas mostraban aceptación sin reparo alguno.

—Gracias, chicos. ¿Qué estáis haciendo? —preguntó con una soltura que a Ernesto le hizo mucha gracia, ya que al acercarse daba la sensación de todo lo contrario—. Me pareció veros algo tristes o enfadados. ¿Qué os pasa? ¿Habéis peleado?

Bilal miró a Ernesto con absoluto asombro por la falta de vergüenza de la niña.

Al igual que a Ernesto, Bilal había percibido en aquella pequeña mucha vergüenza, cosa que le resultó, cuando menos, interesante.

—Estábamos viendo mi álbum de cromos de Batman, ¿has visto la película? —contestó rápidamente Ernesto mientras giraba haciendo un intento de recuperar su álbum del hombre murciélago para enseñárselo de nuevo.

—¡Qué plasta con la película! —soltó el mayor riendo sin maldad al tiempo que alargaba el brazo para rodear la cabeza del pequeño, fingiendo que le atrapaba de forma juguetona.

—¡Oye, tío! —resopló Ernesto detectando la risa de Bilal y, aunque pereciese mentira, se unió al juego y la carcajada.

—Qué bien lo pasáis —dijo la niña abriendo los ojos como platos.

—¿Cómo te llamas? —dijeron casi al mismo tiempo mientras se soltaban, lo que hizo que la risa entre ambos se repitiese, eso sí, ahora era la niña la que se unía a la pareja de risas.

—Me llamo María —dijo manteniendo la sonrisa en la cara.

—Yo, Ernesto y él es Bilal —respondió Ernesto casi de un brinco.

—Estábamos hablando del cole y de las profes que tenemos, que son lo peor de lo peor del mundo entero.

Al decir esto, Bilal borró la sonrisa de su cara. Al decir aquellas palabras, cosa a la que estaba acostumbrado, ya que lo decía con sorprendente asiduidad desde siempre, se sintió realmente mal. En el fondo, era algo que había escuchado a todo el mundo en la Cañada, a sus hermanos mayores, a sus primos...

Desde hacía unos instantes, había descubierto una sensación desconocida que afectaba a la profesora y que no lograba identificar.

Estaba claro que desde hacía unos instantes decir aquello no le hacía sentir bien.

—Yo tengo mucha suerte este año porque tengo a Belén —dijo María mientras abrazaba un libro.

Era el libro que la profesora tenía en su casa, de cuando era pequeña y le había prestado para leer.

Incluso tenía anotado a lápiz por ella misma su nombre y apellidos, así como la fecha en que se lo regalaron. Y de eso hacía mucho mucho tiempo.

—¿Por qué dices eso? —preguntó Ernesto.

—Porque mi profesora es superbuena. Siempre me hace sentir bien, me cuida y me trae libros de su casa, de cuando era pequeña, para que los lea —mientras señalaba el libro que hacía unos instantes estaba entre sus brazos—. ¡Ahora soy muy buena estudiante! ¡Me lo ha dicho a mí y a mis padres!

Los dos muchachos se miraron un instante. Por un momento, no daban crédito a lo que estaban escuchando. ¿Una profesora que hacía eso? No podía ser. Se lo estaba inventando, seguro.

Para aquella pareja de niños era algo absolutamente increíble. La simple idea de una maestra que no fuese de las de los pequeños de infantil —como ellos decían— fuese de aquel modo, que tratase de aquella forma a una simple niña, que la tratase tan bien no podía ser cierto.

—¿Y haces exámenes y cuaderno? —preguntó Bilal buscando una explicación creíble.

—Sí, claro. Eso no me gusta, pero me ayuda siempre que lo necesito. Está superpendiente de mí todos los días. Bueno, casi todos.

—Eso no le puede gustar a nadie —dijo casi murmurando Ernesto mientras se rascaba el pelo, totalmente despeinado, como era habitual en él.

—Seguro que es de las profesoras que dicen que van a hacer cosas superchulas, pero luego es lo mismo de siempre, exámenes cada semana y venga a hacer ejercicios —dijo Bilal exagerando para dejar patente su incertidumbre, mezclada con algo de envidia sana.

Cuando decía aquello era porque se trataba de lo que había vivido con varios de sus maestros.

—Esta hace de todo. Sí es cierto que hay días que son más aburridos, pero luego los días que molan ¡son lo más! —explicó la niña mostrando una gran devoción por su maestra.

—Si hace exámenes igual que las nuestras y hacéis el cuaderno también, seguro que luego no es tan maja cuando le toque corregir, que luego ya sabemos —increpó Bilal al tiempo que cambiaba de postura, giraba la cabeza y colocaba una cara de estar en lo cierto. Cara que en ningún lugar del planeta se podría entender de diferente modo.

María, por un momento, se quedó pensativa. Algo de lo que había dicho la hizo recordar algunas cosas o momentos vividos en el aula.

—Pues es cierto que los viernes cuando se lleva los cuadernos no sonríe ni dice esas cosas —dijo la niña mientras revivía el último viernes, sin ir más lejos.

—¿Ves? ¡Otra bruja! —dijo Ernesto, que parecía un muelle de tanto pegar botes.

—¡No! —respondió la niña al instante—. ¿Es que vosotros no habéis visto a las vuestras contentas nunca tampoco?

La niña mostraba claros síntomas de enfado. A simple vista, se podía ver que se sentía ofendida.

Ernesto se quedó clavado en el banco al instante. Porque, si lo pensaba bien, había días que su profesora hacía que las clases fuesen superdivertidas e interesantes. Y esas jamás las tenían en cuenta cuando hablaban de estas cosas.

Bilal, por su parte, estaba dándole muchas vueltas a la cabeza. Quizá su profesora, en algunas ocasiones, había querido hacer cosas de las que se dicen chulas, pero entre la presión de los exámenes, las pruebas externas y que el comportamiento de la clase digamos no es el mejor, siempre había sido imposible hacerlas.

Eso no era su culpa. Es más, recordaba que en varias ocasiones habían preparado trabajos, exposiciones o cosas en el aula de Informática y, o bien habían terminado castigados por el mal comportamiento, o no habían traído los materiales necesarios para poder terminarlas, y así mil cosas más.

Pero era absolutamente cierto que aquella maestra intentaba de vez en cuando montar alguna cosa chula de ese tipo.

—No me creo que vuestras profesoras sean tan malas. Al final, todo el mundo tiene días malos, como nosotros, ¿no creéis? —preguntó buscando alguna respuesta afirmativa que le calmase la sensación de preocupación. Le asustaba que Belén también tuviese esos días.

Los miraba obligándoles sin decir una sola palabra a darle una respuesta satisfactoria. Cosa que por el momento no llegaba.

De hecho, estaba recordando algunos momentos en los que las clases de Belén no molaban tanto.

—Eso dice mi madre y Belén.

Bilal seguía con la sensación de haber sido algo injusto con su profesora. Con todos los profesores, de hecho. Esto no le gustaba nada. No se sentía nada bien y su cara lo demostraba. Empezaba a estar algo más que incómodo.

—¡Vamos, chavales! —dijo una voz entre risas que se acercaba a paso ligero con una caja de cartón llena de tubos, lo que parecían herramientas y cosas raras colgando.

—¿Y tú quién eres? —preguntó María.

—Soy Joaquín. ¿Cómo vais, chavales?

El muchacho que acababa de acercarse parecía ser de la misma edad que Bilal, pero demostraba una seguridad y un desparpajo que dejó boquiabiertos a todos los presentes.

Estaba con su caja de herramientas y cachivaches raros feliz.

—¿Cuántos años tienes? —preguntó Ernesto rápidamente mientras volvía a pegar un salto.

—Tengo doce, pero a puntito estoy de cumplir los trece, ¿qué te parece? —dijo con una seguridad que ninguno había visto anteriormente, mientras le guiñaba un ojo.

Esto dejó absortos a los niños, en especial a Ernesto, que se quedó totalmente alucinado. Como quien se encuentra en un lugar cualquiera a una estrella de cine o un artista y te da las buenas tardes. Así, como si nada.

—Entonces, eres como yo —respondió Bilal.

—A ver, ¿qué os pasa? Que os veo desde allí con una cara de mejillón, ¡que parece que se ha muerto vuestro gato! —dijo volviendo a reír casi a carcajadas.

Ernesto le miraba con los ojos como platos y la boca abierta. Como decía uno de sus compañeros que se llama Marcos, estaba «flipiando».

Bilal, aunque no quisiera demostrarlo, también se había quedado alucinado por la seguridad que demostraba aquel chico.

—¡Bilal dice que todos los profesores son brujas y son malísimos! —contestó María al instante. Casi como el que lo dice intentando que no salgan las palabras de su boca, pero resulta imposible.

Bilal la miró como si se hubiese chivado de algo, a lo que María no tardó en agachar un pelín la cabeza y decirle un lo siento.

—No pasa nada, es verdad —asumió Bilal mientras le guiñaba el ojo a María, que, sin saber su edad, decidió que era menor que él y no quería que se sintiese intimidada. Eso a él no le gustaba nada que se lo hiciesen.

—Hablábamos de los profesores que tenemos, que nos tratan fatal, pero... —En ese instante, Joaquín le interrumpió con total decisión.

—¡No!, ¡no!, ¡no! —dijo mientras dejaba en el suelo, junto al banco, la caja llena de trastos.

Ernesto no le quitaba ojo y volaba del niño a la caja y de la caja al niño, sin poder decidir cuál de los dos era más interesante. Por supuesto, Batman había dejado de existir hace rato.

—Eso es imposible —continuó Joaquín—. Los profesores son como deben ser. Solo hay que tener cuidado y darles lo que te piden para poder pedirles tú a ellos. Piensa que no lo tienen fácil y nosotros en ocasiones les ayudamos poco o nada.

Ernesto acababa de tomar una decisión. Joaquín era mucho más interesante. Con lo que acababa de decir, la caja podría esperar. Incluso Batman, un rato.

—¿Qué dices? —exageró Bilal, que no entendía aquello—. Pero ¿qué le vas a pedir tú a un profesor, si son solo ellos los que piden todo el tiempo?

A Ernesto se le unió María. Ambos parecían público en un partido de tenis, un partido pero que muy muy entretenido.

—¡Eso es verdad! —participó Ernesto—. ¡Como para pedirle yo algo a Emilia! —apostilló queriendo ganar enteros en la conversación.

—Pues solo tendrías que probar y ver qué pasa, ¿no crees? —incitó al muchacho.

Ernesto quedó pensativo durante unos momentos. Lo cierto es que cuando alguna vez había necesitado algo Emilia le había ayudado, aunque no hubiese pedido ayuda. Durante unos instantes, permaneció en ese pensamiento mientras escuchaba atento la conversación.

—Eso será porque tienes un profe de los que molan, ¡fijo! —intervino Bilal intentando desmontar el argumento de Joaquín—. Pero no es lo normal.

—¿Lo has probado alguna vez? —volvió a incitar el muchacho de manera desafiante.

Bilal sintió que la sensación que había tenido al inicio de la conversación se intensificaba por momentos.

Esto le causaba cierta incomodidad.

—Mira, yo no soy un tío listo de los de menciones de honor, ¿sabes?, pero te digo una cosa, cuando necesito algo de mis profesores he aprendido a saber cuándo, a quién y el qué pedir a cada uno —explicaba Joaquín, que se notaba que era el mayor de todos, o al menos tenía una facilidad innata para hablar, lo que causaba en el resto que prestasen una atención especial a sus palabras—. El sacar buenas notas no es lo importante.

—¡Para la mía sí! —contestó rápidamente Bilal, al que se le notaba incómodo.

—Ya lo sé. Y puede que en cierto modo sea un poco así, ¡sí! —continuó Joaquín—. Tienes razón. Pero cuando te pones en su lugar, puedes entender que muchas veces sean como son. Que te digan lo que te dicen e incluso que hagan algunas de las cosas que hacen. ¿Te cuento una cosa que me pasó hace poco? —mientras se sentaba en el suelo, junto a la caja de cachivaches, frente a los tres niños. Ahora eran los tres los que seguían mirándole con los ojos como platos—. En mi colegio, el director se llama don Fausto. Da un miedo que te cagas, porque siempre está en la puerta, a la entrada y a la salida, vigilando al personal. Parece una gárgola. Tiene una cara que lo de dar miedo ¡se queda corto!

Mientras Joaquín hablaba, todos miraban dejando libre a la imaginación, podrían perfectamente verlo como en una película, cada uno a su modo, claro. Incluso alguno de ellos podía sentir el miedo en sus propias carnes. Lo que sí había conseguido era un silencio y atención absolutos.

—Pues un día mi amigo Julián y yo hicimos una trastada en una tienda del barrio. La verdad lo pasamos muy, pero que muy bien. Hasta que nos cogieron, claro. —Ernesto en este momento necesitaba enterarse de la historia. Estaba absolutamente intrigado y enganchado al relato—. Entramos en la tienda, que era la primera que tenía una puerta automática, de esas que se abren y cierran solas al pasar. Nunca habíamos visto una, de modo que nos pasamos más de una hora entrando y saliendo de la tienda. Era superdivertido —prosiguió el muchacho—, pero para el dueño de la tienda no fue así.

—Pero ¿qué hicisteis?, ¿qué pasó? —preguntó Ernesto con ansia de saber más.

—Pues quisimos comprobar la eficacia de la puerta, de modo que empezamos a entrar y salir cronometrándonos y comprobando si la puerta se abría al aumentar la velocidad. —En este momento, Joaquín no pudo evitar sonreír de más, recordando la trastada—. Todo por el bien de la ciencia, ¡claro está!

Los chicos no pudieron contener la risa. El chaval tenía una capacidad que parecía innata para contar una fechoría, como si de una aventura se tratase.

Por mucho estropicio que causasen, resultaba divertida, de hecho.

—¿Y entonces? —En esta ocasión, fue Bilal quien instó a Joaquín a que terminase de contar la historia.

—Pues nos empezamos a dar unos golpes tremendos con el cristal, hasta tal punto que la desencajamos entera. ¡Menuda historia! —Joaquín se llevó las manos a la cabeza aumentando la intriga—. El problema es que nos quedamos encerrados en la tienda con el dueño. De modo que nos hizo llamar a nuestros padres.

—¡Menudo marrón! —María había dejado escapar la expresión y al darse cuenta se puso roja como un tomate, lo que causó una nueva carcajada del grupo.

—¡No lo sabes bien, tía! —respondió Joaquín, que siguió con la historieta—: Nos pidió el teléfono de nuestros padres, mientras un empleado abría e intentaba arreglar la puerta con un mosqueo del quince. ¡Yo pensaba que terminábamos en comisaría!

Todos estaban embobados. Absolutamente enganchados a la historia, de modo que ninguno abrió la boca para que Joaquín pudiese terminar de contarla. Tenía pinta de ser de las divertidas. De las que te partes de risa cada vez que pasa algo nuevo o la recuerdas.

—Mi amigo Julián se asustó mucho y a la primera le dio el teléfono de su casa, pero yo no. Yo le dije un teléfono inventado, no quería que llamasen a mi casa. En cuanto se metió en la trastienda para llamar al primer número, aprovechamos que la puerta ya estaba abierta para escaparnos.

—Entonces, ¡no pasó gran cosa! —comentó Bilal quitándole importancia a la historieta.

Joaquín lo miró con cara de «espera, que queda lo gordo por venir».

—Es que no terminó aquí la cosa —prosiguió Joaquín—. Al día siguiente, al llegar al colegio, estaba don Fausto a la entrada del colegio, como todos los días. Pero en esta ocasión nos paró a los dos. Quería hablar con nosotros. —En ese momento, cambió el tono y bajó un poco el volumen, buscando dar intensidad a la historia y así generar mayor expectación en el público, que mantenía los ojos como platos. También lo hacía porque, en el fondo, suponía un recuerdo algo doloroso, por decirlo de algún modo—. Nos llevó a su despacho y delante de don Emilio, nuestro tutor, nos cayó la del pulpo. El de la tienda era amigo de no sé quién de Secretaría y al vernos con el uniforme había llamado el colegio para decir que éramos unos gamberros y unos terroristas. —Aquí no pudo evitar una sonrisa. Continuó con la historia—: No era la primera vez que nos llevaban al despacho por alguna trastada, pero aquella era seria. —Miró por un momento al infinito y no pudo evitar decir—: Aunque luego sí que la liaríamos, pero buena buena.

Aunque el interés de los tres niños que escuchaban crecía por momentos y mira que querían también enterarse de aquella batallita, que prometía seguro, guardaron silencio para escuchar el final de esta.

—Don Fausto hubiese sido feliz expulsándonos del colegio por haber actuado así con el uniforme, de no ser por don Emilio.

—¡Ves cómo al final es un profe de los que molan, de los guais! —le increpó Bilal, intentando tener la razón y lograr hacer desaparecer aquella sensación que seguía dando vueltas por su mente, se agarraba a su estómago y no tenía ninguna pinta de querer desaparecer en bastante tiempo.

—Don Emilio nos salvó el pescuezo, aunque luego nos tuvo castigados un mes entero. En ese tiempo, sentimos cómo habíamos perdido su confianza y eso no nos gustó nada. Eso fue lo peor de todo. En ese tiempo, sentimos que habíamos perdido muchas cosas. El trabajo de clase era el mismo, pero cuando antes había cosas que nos gustaban ahora no era así. Y eso no significaba que don Emilio fuese un mamón. Solo que le habíamos fallado. Y no te digo la que le cayó primero a Julián. Él sí había dado su número de teléfono bien. Ese mismo día tuvo una bronca y un castigo de los de antología en casa. Luego el resto en el cole, que supuso otra más.

»A mí me llegó igual, solo que un día más tarde. Volviendo al tema, fue don Fausto quien al cabo de un tiempo nos volvió a parar para llevarnos al despacho. Ahí sí que nos volvimos locos. Primero de miedo, ¡claro! —Paró un segundo para reír—. Casi nos cagamos encima cuando nos dijo de ir de nuevo a su despacho —continuó riendo, solo que en esta ocasión lo hicieron todos juntos—. Nos vino a preguntar qué íbamos a hacer para recuperar la confianza de don Emilio. Eso no lo esperábamos. De hecho, nos sorprendió mucho que eso le importara a él. No tenía pinta de ser amigo de don Emilio. De ningún profesor, en realidad, y menos que le preocupase que nosotros hubiésemos estropeado la relación que teníamos.

Joaquín cambió un poco el tono.

Ya no reía. No resultaba tan divertido.

Esto a los chicos les resultó muy llamativo.

—Pero nos dejó a cuadros —continuó el chaval—, no teníamos ni idea de cómo hacerlo. ¿Cómo podríamos recuperar la confianza de don Emilio? Pues con toda su mala leche y, aun siendo del Atleti, nos indicó cómo hacerlo.

—¿Y lo conseguisteis? —preguntó María con necesidad de conocer cómo resolvieron aquello.

—¡Sí, señorita! —contestó inmediatamente.

—¿Cómo? —dijo Ernesto.

—A base de cumplir con lo que nos pedía y de atender a lo que veíamos que necesitaba.

—Pero ¿qué necesitaba? Si sois niños, ¿qué le vais a dar vosotros? —participó Bilal.

—No era darle nada material. Era saber cuándo debíamos estar callados o cuándo necesitaba que el comportamiento fuese especialmente bueno, porque había tenido un mal día —continuó Joaquín—. Luego, al tiempo, nos enteramos de que ese curso había sido muy malo para él, que se había muerto un familiar muy querido y que lo estaba pasando mal. Don Fausto nos había explicado, de una forma muy seria, muy formal y con toda su cara de mala leche, que debíamos ponernos en su lugar. En el de don Emilio. Básicamente, le demostramos que queríamos importarle y que él nos importaba a nosotros. Exactamente lo mismo que con un compañero de clase.

Las mentes de los niños volaron hasta sus distintas realidades. Cada uno centró sus pensamientos apenas unos segundos en sus propios profesores. Unos segundos que se hicieron muy largos, casi eternos.

En esos escasos largos segundos, revivieron cientos de situaciones en las que todo cambiaba con esta nueva perspectiva, este nuevo enfoque. Otras en las que no lo hacía, en las que continuaban sintiendo ser el objetivo de una ofensa, de un agravio. Pero, aun así, diferentes también. Ya eran distintos.

Joaquín continuaba hablando, pero ya no le prestaban la misma atención. Casi le oían como quien tiene la radio encendida de fondo, pero está a sus cosas, a sus pensamientos.

La sensación que Bilal y Ernesto habían sentido creció de forma exponencial en un segundo.

—¡Qué fuerte, tío! —rompió el silencio Ernesto—. Quizá... —no pudo terminar la frase.

—Yo solo os digo que después de mis casi trece años de vida he aprendido que los profesores ni son tan malos ni son tan buenos —dijo Joaquín levantándose del suelo—. A veces necesitan que les ayudemos un poco o incluso que les dejemos hacer su trabajo, que no debe de ser nada fácil con capullos como nosotros. ¡Je, je!

Miró a los ojos de Ernesto, que se sintió reflejado en ellos, hasta forzar una sonrisa.

Joaquín giró la cabeza buscando los ojos de Bilal, pero este estaba cabizbajo.

—¿Qué te pasa a ti, campeón? —le preguntó directamente.

—Nada —mintió deliberadamente el muchacho.

—Vamos, chavalote, ¿sabes qué nos dice siempre don Emilio?

—¿El qué? —Ahora sí levantó la cabeza para mirarle a los ojos. Necesitaba escuchar aquello como el respirar.

—Que nadie nace sabiendo, que somos el resultado de ensayos. Que si no pruebas no sabes si funciona. Así que ¡sin equivocarse nadie aprende nada!

—¡Eso lo dice también Belén! —gritó María emocionada.

Joaquín la miró de reojo y le lanzó un guiño. Eso a ella le encantó, claro. Aunque de nuevo se puso roja igual que un tomate.

—Si crees que tu profesora es mala, creo que estás equivocado. Es muy complicado. No tienes por qué saber lo que pasa en su vida, pero si solamente te fijas en el colegio piensa qué puedes hacer tú para que su trabajo sea más sencillo. —Con un pequeño gesto, cogió la caja de cachivaches y se puso tieso—. Don Emilio siempre nos dice esto: «¿Qué puedes hacer tú para que yo pueda hacer mejor mi trabajo?».

—Ya, como si fuese fácil —murmuró Bilal en voz baja, aunque con el suficiente volumen como para que le escuchasen.

—¡Qué va! Es supercomplicado —le contestó Joaquín—. Fíjate que ellos son los adultos, los que tienen experiencia de años, los que tienen estudios y carreras. Los que han viajado, pero siguen equivocándose en esto de vez en cuando, igual que nosotros. ¿No te ves capaz de intentarlo?

Sin demorarse, se giró y empezó a andar camino de un nuevo grupo de chicos que estaba a unos metros. En todo este tiempo, no se habían dado cuenta de que estaban allí. De hecho, ahora fueron conscientes de que había muchos chicos en aquella zona. Muchos grupos, parejas y algunos niños solitarios.

—¡Vamos, chavales, espabilando, que es gerundio y las cosas no se hacen solas! —gritó Joaquín girando la cabeza lo justo como para que lo escuchasen todos a la perfección—. No sé quién dijo esto, pero me gusta: ¡el movimiento se demuestra andando!

Los tres chicos permanecieron durante unos momentos en silencio. Algo se había removido en su interior. Y por removido quiero decir que sentían haber sufrido un verdadero terremoto que había hecho temblar y tambalear todos sus planteamientos. Pero ninguno sabía qué hacer realmente en aquel momento.

María fue la primera en romper el hielo:

—Chicos, y si los profesores necesitan algo, ¿quién les ayuda?

—La verdad, no había pensado que necesitaran ayuda —contestó Ernesto.

Bilal mantenía su silencio. Intentaba ordenar sus pensamientos. Desde que se sentó en el banco junto a Ernesto, se habían enredado algunas emociones relacionadas con sus profesores, en particular con María Dolores. Ahora se daba cuenta de que otras eran sobre él mismo.

Siempre que pasaba algo con un profesor era culpa suya. Así le hacían sentir cada vez que le regañaban, que es a diario. Eso no le gustaba nada. Le hacía sentir muy mal. Pero quizá sea un punto de vista algo viciado o injusto. Quizá no fuese siempre así.

Bilal se puso en pie y buscó con la mirada a Joaquín, que ya estaba junto a otros chicos de charla. Había dejado de nuevo su caja en el suelo y estaban charlando. ¿De qué hablarían?

Necesitaba hablar con él un poco más. Sentía la sensación de tener que escuchar qué opinaban el resto de los chicos sobre esto.

—¿Qué puedo hacer para que...?

Estas fueron las últimas palabras que pudieron escuchar de Bilal antes de irse a buscar al otro grupo de chicos.

Ernesto miró a María, que ya estaba hablando con otra chica, Mireia se llamaba, y le contaba también sobre su profesor.

—Yo me voy a ver a Bilal y a Joaquín, ¿os venís, chicas? —preguntó Ernesto, haciendo un ejercicio de chulería y decisión, imitando a los mayores.

—Venga, ¡sí! —contestó María casi sin planteárselo.

—Me apunto, ¡sí! —La siguió Mireia, que se había puesto a hablar con María sobre sus historias.

Sin pausa, los tres chicos se unieron al grupo, que cada vez era más grande, ya que no paraban de sumarse pequeños grupos de chicos y chicas.

Los pensamientos de Bilal se disolvieron entre los grupos de chicos, de edades muy diferentes, pero con intereses y sensaciones muy parecidos.

La emoción de Ernesto continuó volando junto a las chicas, en otro grupo cada vez mayor.

Muchos maestros pasaron por aquellas conversaciones. Unos muy queridos y otros no tanto, en apariencia, aunque de todos ellos había algún recuerdo bueno, por pequeño que fuese. Y de esos se fueron llenando las conversaciones poco a poco.

Es más, incluso por allí pasaron algunos niños que, aunque jamás los habían visto, les hacían sentir conocidos o reconocidos de alguna forma.

Niños cuyos nombres les sonaban en ocasiones. Chicos que utilizaban expresiones que les hacían sentir familiares. Caras, miradas, gestos y movimientos que, de alguna forma, conocían.

Por allí pasaron Lolas y Belenes.

Pasaron, del mismo modo, Emilios y Faustos.

Solo hay que afinar un poco la vista o el oído para intuir a algún conocido.

Es mucho más difícil juzgarse a sí mismo
que juzgar a los otros.
Si consigues juzgarte rectamente,
es que eres un verdadero sabio.

ANTOINE DE SAINT-EXUPÉRY

Una persona muy importante en mi vida me enseñó algo que es simple, sencillo y curioso al mismo tiempo. Tuvo que explicármelo con mis pasadas tres décadas —casi cuatro ya—, porque no lo entendía de ese modo. Tras casi veinte años siendo docente, me enseñó que los alumnos nos quieren, con independencia de cómo somos. Nos quieren por el simple hecho de ser sus maestros. Porque se trata de una movida muy grande lo de trabajar en esto. De ahí la gran responsabilidad que tenemos de ser aquello que necesitan que seamos. Aunque en muchas ocasiones no les guste y les incomode hasta límites insospechados. Aunque en muchas ocasiones no nos guste o nos incomode. Por encima, incluso, de nuestras circunstancias personales.

Me enseñó que nuestros fallos son siempre una oportunidad para el aprendizaje. De nuestro aprendizaje en primer lugar y posteriormente del suyo. Situaciones en las que dotar de un significado mucho más allá del contenido curricular a momentos y vivencias que de forma cotidiana se nos irán presentando a lo largo de la vida es mucho más importante. ¿No era este el objetivo último de la educación, el prepararnos de forma integral para la vida?

A nadie le gusta equivocarse. Algunos, yo el primero, lo llevamos realmente mal. Sobre todo, cuando tenemos un nivel de autoexigencia que roza lo absurdo, y, por lo tanto, irreal. Esta tontería que en ocasiones nos embarga de forma total, nos hace olvidar, nos lleva a cometer errores que pueden ser, como hemos podido ver a lo largo de este intento de libro, motivo suficiente para marcar la vida de nuestros alumnos. Motivo suficiente para marcar nuestra vida.

Eso sí, nosotros tenemos o deberíamos alcanzar un nivel de conocimiento y control mayor en aquello de ponernos en su lugar. En muchas ocasiones les pedimos, les exigimos cosas que nosotros mismos ni logramos ni cumplimos. No me refiero a aquello de estudiar al día para evitar el atracón tres días antes —en el mejor de los casos—, sabiendo que de poco sirve.

Me refiero a cosas que nosotros mismos evitamos mirar a fin de aplicar la nefasta idea de que por no verlo no existe.

Este es un ejercicio muy bueno, el de bajar al barro, al de verdad, el que mancha. El mismo barro que les mancha a ellos, pero que a nosotros también, ya que compartimos plaza.

Al inicio de este libro recordaba, como mi padre me decía, que el maestro lo es desde el momento en que quiere serlo. En el que se siente maestro. Realizando desde ese momento todo aquello que es necesario para poder serlo en un futuro. Esto pasa con cualquier profesión. Vale para todas y cada una de ellas. Hablábamos de dedicar tu vida por completo, tu formación, tus lecturas, tus amistades e incluso tus pensamientos a aquello que más fervientemente deseas, ser maestro en nuestro caso.

Entonces, ¿qué ocurre para que se torne de este modo la situación?

No creo que existan maestros que de forma consciente realicen actos en contra de los alumnos. Que busquen el mal para ellos. Que sean, por lo tanto, malas personas. No podrían ser maestros. Creo firmemente que ningún docente actúa contra el alumnado.

Creo que, como todo el mundo, cometemos errores.

Realmente, no existe un manual para este trabajo. Seguramente la primera lección para dedicarte a esta profesión sea la de que cada alumno es diferente, en su totalidad, y que necesita una forma de enseñar distinta, porque tiene una forma de aprender única. Esto provoca una sensación de cierto miedo, a mi parecer, ya que debemos actuar desde un primer momento casi a ciegas. Debemos descubrir cómo es cada uno de los alumnos, cuál es su realidad y un larguísimo etcétera. Todo a tiempo real, para todos los que están en el aula, y con un nivel de exigencia altísimo.

Siempre que hablo frente a docentes cuento cómo fue mi primer día como maestro en una escuela. Tenía la titulación necesaria. Tenía la formación precisa. Disponía de una buena experiencia con niños en campamentos y otras mil situaciones más. Estaba lleno de ganas, fuerza y potencia, absolutamente increíbles, para ser capaz de cambiar —¿cómo se dice esto?— el paradigma de la educación.

Me iba a comer el mundo.

Pero el director del centro abrió la puerta del aula. Concretamente, la de 1.º C de Educación Primaria. Y todo ese equipaje que nombré anteriormente desapareció casi en su totalidad. Ese momento en que la amígdala se apodera de nosotros y toma decisiones sin consultarnos. Decisiones que, casi seguro de ningún modo, tomaríamos en una situación normalizada.

Y te pones a currar como mejor sabes y puedes. ¡Al lío!

Eso sí, al lío con nuestro amigo el miedo.

La diferencia es que cuando erramos causamos algunos problemas, que de persistir en el tiempo provocan serias dificultades en la vida de nuestros alumnos. Les podemos armar un circo de los gordos, diría un buen amigo.

Una de mis canciones preferidas —me estoy dando cuenta en este momento de que tengo demasiadas canciones favoritas— se llama *Miedo,* del grupo M-Clan, y viene a decir algo así: «Oigo tu voz justo antes de dormir». Aunque no se refiere a este tema, por supuesto, lo aplico al siguiente planteamiento: ¿y si mis alumnos escuchan mi voz justo antes de dormir y lo que oyen no es bueno para ellos?, ¿y si lo que escuchan provoca que sientan que no valen, que no sirven?, ¿y si les causo miedo? Me aterra esta idea.

Por eso, debemos determinar de una forma férrea la idea de tener una fe sincera en nuestros alumnos. Igual que ellos nos quieren por ser sus maestros. Por ese simple hecho, debemos quererlos del mismo modo por ser nuestros alumnos. Estoy seguro de que si de ellos dependiese el salvar a los profesores en una situación de peligro lo harían. Sin dudarlo ni una décima de segundo. ¿Y si dependiese de ellos el futuro del maestro?

Interesante reflexión.

En este escenario que hemos visitado en el capítulo final, reconocemos a los protagonistas de los diferentes fragmentos de diario que conforman este libro. Pero hemos podido ver a muchos niños más. Imagino que muchos os podréis haber sentido identificados, en algún momento, bien en algún alumno, bien en algún maestro. Esa era la idea.

Pero seguro estoy de que al igual que dialogaban Ernesto, Bilal, Joaquín o María, entre otros, junto a ellos había una María Dolores niña, un Fausto y un Emilio de edades similares, participando con sus mismas realidades.

Tener como principal objetivo que quieran es determinante. Fundamental.

Pero nosotros, los maestros, debemos plantearnos el mismo objetivo para nosotros. Sabemos que el entorno no va a ayudar, que la Administración nos va a apretar las tuercas y que las diferentes organizaciones educativas no van a hacer nada diferente. Por eso debemos quererlos, por el simple hecho de ser nuestros alumnos.

Cada año repito las mismas ideas a mis alumnos, porque creo que son más que importantes. Necesito que entiendan que somos compañeros de trabajo. Piénsalo conmigo un segundo.

De lunes a viernes nos levantamos casi a la misma hora. Vamos al mismo lugar para realizar prácticamente la misma jornada laboral. De hecho, compartimos cubículos, oficinas, solo que los llamamos aulas. A nosotros nos pagan con un salario —y sobre esto no vamos a entrar, porque es harina de otro costal y, además, doloroso—, pero a ellos se les paga con el aprendizaje, de aquello que provoca que consigan alcanzar el objetivo anteriormente nombrado para la educación: preparar de forma integral al alumnado para la vida. En todos sus aspectos y dimensiones.

Pedimos de forma constante a los docentes que miren con otros ojos a los alumnos y, es verdad, es muy bueno hacerlo así. Es absolutamente necesario. Pero debemos mostrarnos como realmente somos para que ellos puedan vernos igual y querernos como somos. Si tengo un día malo malo, creo que es justo decirles a mis niños que hoy me siento muy triste. Quizá no deba entrar en detalles, no deba explicar los pormenores ni las causas de mi tristeza, pero sí decirles cómo me siento en ese momento. De esta forma, ellos podrán entender que no sonría del mismo modo o que me encuentren más apagado. Evitaremos que sientan que es culpa suya. Que han hecho algo mal. Haciendo lo mismo con nuestras preocupaciones y, por supuesto, nuestras alegrías.

Pero tampoco nosotros los maestros nos sentiremos del mismo modo. Porque nos terminamos sintiendo culpables en muchas ocasiones. Podemos así, cumplir la máxima que dice que si no nos mostramos como realmente somos y como realmente nos sentimos no podremos entender ni ver cómo realmente son ellos o cómo realmente se puedan sentir.

De nada sirve ponernos una armadura, una máscara como Batman —que mira que me gusta—, que oculte quiénes somos en realidad, con nuestras virtudes y nuestros defectos. Todos y cada uno de ellos son una herramienta grandiosa para enseñar y para entender. Todos y cada uno de nosotros también. Es más, nos necesitamos de una forma esencial.

En el texto de *El principito,* encontramos un fragmento que, sin duda, es mi favorito. Cada vez que lo leo y releo, encuentro nuevas ideas.

Qué razón tiene mi buen amigo y maestro José Antonio Fernández Bravo cuando nos decía que debía ser una obligada lectura para entender sobre la emoción.

Pues en este fragmento el principito se despide de su amigo el zorro, quien le habla de una manera muy impactante. Al principio, el zorro era un zorro cualquiera, como dice el texto, semejante a todos los zorros que puedan existir. Pero surge la gran diferencia, la que hace que sea único en el mundo, en el universo.

Algo muy gordo ha sucedido. El zorro ahora es su amigo.

Y esto lo cambia todo.

El muchacho trata de explicárselo a las rosas, que también son todas diferentes a la suya. Porque durante mucho tiempo ha entregado su vida por ella, la ha regado, la ha cubierto y protegido del frío y del viento. Esto ha convertido a la rosa en algo más que importante para el niño. Hasta el punto de llamarla «mi rosa». Por ella incluso moriría y no hay mayor amor que aquel que da su vida por los demás.

¿No creéis?

Para finalizar, el zorro explica al principito que lo que hace que su rosa sea tan importante es el tiempo que perdió en ella. Es más, le explica que es y será responsable eternamente de lo que ha cuidado, protegido y domesticado.

Este texto me parece más que significativo. Podemos y debemos aplicarlo a nuestra profesión. A la relación que mantenemos en la escuela con cada uno de nuestros alumnos, a la relación que mantenemos con cada uno de nuestros profesores, por supuesto.

Lo que nos hace importantes es el tiempo que «perdemos» en nuestros niños. El tiempo que tú has perdido con ellos. El tiempo que han perdido conmigo.

Me encanta la idea de sentirme responsable eternamente de cada uno de mis alumnos. Me encanta la idea de perder el tiempo con y para ellos. Me vuelve loco la sensación de pertenencia, de provocar más allá de lo que los ojos pueden ver. Sentirse únicos en el mundo. Sentirme suyo y sentirlos míos.

Uno de los mayores dolores en mi vida, y llevo encima unos cuantos, es uno muy típico y habitual en los maestros, a mi parecer. Este es el que te provoca dejar un grupo, porque pase el tiempo, o abandonar una escuela, por cambio de destino o por el motivo que sea.

Duele mucho, muchísimo.

La responsabilidad, los lazos, las emociones vividas te hacen ser algo más que simples alumnos y profesores, incluyendo a las familias del mismo modo en esta ecuación, por supuesto.

Somos una familia. De ahí el sentimiento de pertenencia. Últimamente, y por otros motivos, al charlar con las personas que conforman el equipo de trabajo en el que me desarrollo, hablamos de los años perrunos. Pues sí, algo así es. No podemos valorarlos ni a la ligera ni del mismo modo.

Estas palabras las pronunció Nelson Mandela el día que fue investido presidente de Sudáfrica, en 1994, tras pasar veintisiete años en la cárcel. Forman parte de uno de sus poemas favoritos, y desde hace un tiempo de los míos, de la escritora estadounidense Marianne Williamson.

Trata sobre lo que a uno le hace brillar, sobre evitar tener miedo a mostrarlo, la falsa modestia y la sencillez.

Dice así (texto traducido del inglés):

«Nuestro miedo más profundo»
Nuestro miedo más profundo no es el de ser inapropiados.

Nuestro miedo más profundo es el de ser poderosos más allá de
toda medida.
Es nuestra luz, no nuestra oscuridad,
lo que nos asusta.

Nos preguntamos:
¿quién soy yo para ser brillante, precioso, talentoso y fabuloso?
Más bien, la pregunta es ¿quién eres tú para no serlo?
Eres hijo del universo.

No hay nada iluminador en encogerte
para que otras personas cerca de ti
no se sientan inseguras.

Nacemos para poner de manifiesto
la gloria del universo que está dentro de nosotros,
como lo hacen los niños.
Has nacido para manifestar la gloria divina
que existe en nuestro interior.
No está solamente en algunos de nosotros:
está dentro de todos y cada uno.

Y mientras dejamos lucir nuestra propia luz
inconscientemente damos permiso a otras personas
para hacer lo mismo.

Y al liberarnos de nuestro miedo
nuestra presencia automáticamente
libera a los demás.

La puerta al cambio debe quedar abierta para siempre.
Debemos ser los responsables de provocar la excelencia, la luz que
ilumina el camino para que otros puedan, como reza el poema,
liberarse de los miedos, soltar aquellos lastres que impiden brillar
como estrellas en el firmamento a cada uno de nosotros, seamos
alumnos, docentes, padres.

Es difícil la tarea, pero solo hay que mirar con el corazón. Así, encontraremos una multitud incesante de Ernestos, Joaquines, Marías, Carlos, Mireias, Bilales, María Dolores, Faustos, Belenes o Emilios, zorros, rosas...

Todos y cada uno de ellos, estrellas.

Aunque en ocasiones parezca lo contrario, creedme, creo en las personas.

En ningún caso he pretendido estigmatizar la labor de maestros en los diferentes casos presentados. Yo soy maestro. Es mi profesión y siempre lo será. Todas y cada una de las historias y situaciones contadas han sido vividas por personas conocidas por mí. Así me lo han contado.

Todos ellos me han recalcado la importancia que tuvieron aquellos profesores en sus vidas. Todos, sin excepción, agradecieron la labor, dura en muchas ocasiones, con sus luces y sus sombras, con sus aciertos y errores, de cada uno de los maestros presentados. En todos los casos por igual, con el paso del tiempo, encontraron diferentes motivos para agradecer la labor. Siempre con buenas palabras y verdadero agradecimiento.

Mi deseo es que quien lea esto pare a pensar, a mirar con el corazón y, por supuesto, a bailar. Y, como me gustan mucho las citas, me permito el lujo de terminar con esta, del que sería el segundo libro de lectura obligada para los maestros, aludiendo de nuevo a José Antonio Fernández Bravo, en este caso para entender sobre la razón, cuya protagonista se llama Alicia y todos conocemos.

—Lo mejor será que bailemos.

—¿Y que nos juzguen por locos, Sr. Conejo?

—¿Usted conoce cuerdos felices?

—Tiene razón, ¡bailemos!

(Lewis Carroll, *Alicia en el país de las maravillas*)

No cierres jamás la puerta al cambio.
¿Bailamos?

RUBÉN YEBRA GÓMEZ

Índice